LOS MILLONARIOS NO NACEN, SE HACEN

Manual para conseguir tu libertad financiera

LOS MILLONARIOS NO NACEN, **SE HACEN**

Manual para conseguir tu libertad financiera

Juan Antonio
Guerrero Cañongo

 MESTAS EDICIONES

PROYECTO
METACRECIMIENTO
Desarrollo Personal y Empresarial

© MESTAS EDICIONES
Avda. de Guadalix, 103
28120 Algete, Madrid
Tel. 91 886 43 80
E-mail: info@mestasediciones.com
www.mestasediciones.com

© Del Texto: Juan Antonio Guerrero Cañongo

ISBN: 978-84-18765-48-3
Depósito legal: M-2254-2023
Printed in Spain - Impreso en España

Primera edición: *Marzo, 2023*

*Desde niño te han enseñado cómo gastar dinero,
pero nunca cómo multiplicarlo.*

Juan Antonio Guerrero Cañongo

INTRODUCCIÓN

No hay nada malo en el deseo de hacerse rico.
El deseo de riqueza es, realmente, el deseo de
una vida más rica, más llena, y más abundante;
y ese deseo es meritorio y digno.

Wallace D. Wattles

Mi vida ha estado llena de contrastes, mis primeros años los viví en una de las ciudades más grandes del mundo, posteriormente —a mi hermana y a mí— nos llevaron a vivir a una comunidad de pocos habitantes; ya en mi juventud, habité en otra ciudad, para vivir de nuevo años después en esa pequeña comunidad.

En la gran ciudad viví en una colonia de clase media alta, en la comunidad mi casa estaba ubicada en un mercado callejero, ahí, los hijos de los comerciantes me enseñaron a divertirme construyendo mis propios juguetes; después comprendería que cuando no se tiene dinero, lo único que puede ayudarte es tu creatividad, por eso es necesario estimular nuestra mente.

De niño, asistí a escuelas públicas, por lo que conviví con personas de todos los estratos sociales, ya en la escuela preparatoria y profesional, estuve en una particular, donde conocí a los padres de mis compañeros, que en su mayoría eran empresarios, por lo que observé diversas formas de ganar dinero.

Mi abuelo materno era comerciante, ya sabes, compraba un producto barato y lo vendía con un precio más elevado. Así llegó a ser millonario. Su esposa, mi abuela, estaba dedicada al hogar y era una excelente administradora. De hecho, mi abuelo —quien aún está vivo— sigue haciendo dinero; sucede que hace algunos años les dijo a sus hijos que les heredaría en vida, repartió sus inmuebles a los seis hermanos con la consigna de que debían darle cierta cantidad de dinero al mes, por concepto de renta, ya que se quedaría sin propiedades que le dieran dinero y así sobrevivir. Por supuesto tenía una reserva en el banco, que no ha sido gastada, al contrario, se ha multiplicado por el pago mensual de sus hijos. Por eso afirmo que hasta la fecha sigue ganando dinero, ahora gracias a sus descendientes. Mi madre heredó esa sagacidad económica, sus demás hermanos no.

Mi abuelo paterno fue empleado y nunca quebrantó las reglas laborales. Hasta hace unos meses sabía que se había casado dos veces y tenido ocho hijos, pero recientemente una nueva familia contactó conmigo. Sucede que se casó una vez más. Poco a poco sigo descubriendo cosas de él —habrá más material para otro libro—. Su esposa, mi abuela, fue autodidacta, desempeñándose como médico homeópata y comerciante, teniendo más éxito en su primera ocupación que en la segunda. Como comerciante siempre se gastaba todo lo que ganaba y por eso no multiplicó su dinero. Mi padre creció odiando el comercio y siempre ha buscado ser como su padre, es decir, empleado.

Desde pequeño comencé a vender cosas, aunque mis padres no me estimulaban a esa actividad, ya que para ellos lo más importante era aprender en una escuela, para no pasar las mismas «penurias». Coloco las comillas porque nunca vivimos penuria alguna, aunque ellos lo consideraran así —ya te hablaré de las programaciones familiares y cómo nos influyeron más adelante.

Mi padre no sabía cómo ganar dinero cuando se casó. Se le ocurrió iniciar un estudio fotográfico, que no le agradaba, pero que le dio bastante riqueza. Mi madre mejoró ese emprendimiento con esa sagacidad que te comentaba, ella lo atendía mientras mi padre se empleaba. A los catorce años comencé a ayudarles en ese negocio, después lo hizo mi hermana. De ser un pequeño local, pasó a ser un gran espacio de fotografía profesional y venta de papelería y regalos. Mi padre siempre buscó ser empleado, mi madre, ser una empresaria en pequeño.

Mientras estudiaba en la universidad, comencé a vender en ese negocio diversos productos, entre ellos cintas para vídeo y casetes para grabar, lo cual me daba un ingreso modesto. Esa actividad me agradaba, ya tenía en mis venas el deseo por ganar dinero comprando y vendiendo como mi abuelo y mi madre —aunque posteriormente descubriría que esa actividad no era la adecuada para mí.

Seguí vendiendo entre mis amigos diversos productos, además de ser camarógrafo de eventos sociales los fines de semana, eso me hizo creer que sabía cómo ganar dinero fácilmente. Desde los primeros semestres de la universidad comencé a trabajar como empleado en empresas relacionadas con la psicología, profesión que estudiaba; primero gratuitamente para aprender sobre su funcionamiento y decidirme a qué área dedicarme, después cobrando un poco. Eso me hizo tener bastante confianza para iniciar una empresa.

Antes de terminar la universidad, me casé. Evitaré ahondar sobre las razones que me llevaron a esa decisión, pero sí te compartiré que comencé mi primera empresa, con mi mujer y mi hija recién nacida. Los primeros meses me fue estupendo, pero con el crecimiento vinieron las malas decisiones; como no tenía la experiencia suficiente ni el conocimiento necesario, poco a poco comencé a equivocarme, lo que se tradujo en una quiebra definitiva.

Con muchas deudas y una naciente familia que mantener comencé a buscar empleo, el que conseguía me proporcionaba muy poco dinero, que no era suficiente para mantenerla. Así aprendí que no sabía cómo administrar los recursos y tampoco sabía cómo ser empresario.

Suponía que con lo que sabía, podía ganar dinero, pero estaba equivocado; tenía que aprender más sobre administración, creación de empresas, mercadotecnia y más temas que me acercarían al éxito. Ser experto en algunas áreas de la psicología, me hizo suponer que triunfaría en los negocios, no fue así.

Creí que debía ser empleado, es decir, trabajar para otro, por la aparente seguridad financiera que me proveía. Aunque me desempeñaba como tal, seguía encontrando oportunidades para ganar dinero como emprendedor, pero el miedo llegaba y suponía que debía hacer a un lado ese deseo de emprender, para ejercer mi profesión. Otra vez los contrastes aparecían.

Fui empleado algún tiempo, pero no me gustaba que me dijeran qué hacer y dirigieran mi vida; deseaba tener libertad y crear algo por mi cuenta. Años después me daría cuenta de que tenía un tipo de personalidad que me empujaba a crear, no a seguir órdenes.

Después de la quiebra de mi empresa, pasé unos meses con serios problemas económicos; mi esposa se desesperó y decidió divorciarse de mí un par de años después. En medio de esa vorágine de sentimientos —de inseguridad, impotencia, miedo e inferioridad—, decidí que iba a comprender cómo podía generar riqueza. Me acerqué a varios empresarios para aprender de ellos; también comencé a conversar con millonarios, deseaba aprender cómo evitar volver a experimentar esos problemas económicos y lo iba a hacer en los años venideros.

Aprendí bastante y comencé a ponerlo en práctica, lo que me ayudó a tener muchos aciertos. Mi nueva empresa, tres años después de mi fracaso, fue un completo éxito. Siguieron más, con algunos fracasos, pero ninguno como el primero.

Entonces decidí que estaba listo para hacer algo que había dejado abandonado: escribir libros. Los primeros fueron sobre orientación vocacional, aprendizaje y salud; no tenía intención de escribir sobre atracción de riqueza, pensaba que si me había costado aprenderlo, no debía compartirlo con los demás.

Con la publicación de mis libros comenzaron a llegar las invitaciones para impartir cursos y conferencias, asistí a muchos lugares, donde me pedían el secreto de mi éxito, pero no fue hasta que dicté una conferencia en una universidad que me decidí a compartirlo. Sucede que muchos de los asistentes me cuestionaron sobre mis aciertos, como fui honesto con ellos y les proporcioné los secretos de mi éxito, deseaban más; entonces me di cuenta de que si no compartía esto, ellos podrían tener mis mismos problemas. A partir de esa conferencia comencé a redactar las reglas, consejos y filosofía que me ayudó a tener el control de mi vida financiera.

Sigo aprendiendo a diario, investigando constantemente sobre cómo atraer riqueza de forma simple y rápida, ya que no deseo repetir esa mala experiencia; ya son varios libros publicados y miles de horas de capacitación que he impartido en distintas ciudades y ante miles de asistentes. Tienes entre tus manos un libro que muestra muchos de los secretos que he guardado. Un texto que enuncia lo aprendido y decenas de ejemplos sacados de la cotidianeidad para que evites a toda costa la pobreza. Un manuscrito que te mostrará los secretos de los millonarios, para que los hagas tuyos y los adaptes a tu forma de vida y experiencia.

Compartiré contigo lo que descubrí, no solo de mi familia, sino de todos los millonarios a quienes entrevisté para sacarles todos sus secretos; esos que me permiten darme una vida económica holgada y dejar atrás el fantasma de la pobreza. Comenzaré mostrándote cómo las programaciones de nuestra familia, profesores, amigos y vecinos nos influyen para tener o no dinero, después te enseñaré cómo encontrar diversas formas de ganar dinero, enfocándote en tu pasión, ese motor que te ayudará a conseguir todo lo que deseas. Será un viaje de autoconocimiento, donde descubrirás tus errores, para corregirlos y tomar el control definitivo de tu vida.

En esa primera parte, te enfocarás en tus procesos internos, para posteriormente darte cuenta de las estrategias que utilizan las empresas exitosas y así poder hacer uso de ellas, mejorándolas y adaptándolas a tu contexto y necesidades. Estos caminos ya los han recorrido los millonarios, ahora te corresponde a ti caminarlos.

Descubrirás, tal como yo lo hice, que el consumismo nos está llevando a la ruina financiera; también el desconocimiento de nuestras habilidades, por eso me enfocaré en señalarte los desaciertos que tenemos, para que dirijas toda tu energía creativa hacia la construcción de tu libertad financiera. Conocerás qué actitud debes tomar para atraer la riqueza, usaré como ejemplo algunas anécdotas mías y de personajes famosos para que puedas emular sus acciones, así tendrás variados elementos que te permitan alcanzar lo soñado.

¿Qué más aprenderás? Bastante, encontrarás cientos de estrategias para atraer la riqueza y decenas de recomendaciones para tomar el control de tu vida.

Comienzo enseñándote lo que debes saber sobre ti mismo, ya que todo cambio comienza dentro de uno, después te mostraré cómo las empresas exitosas han tenido éxito, para que emplees sus métodos y los adaptes a tu entorno.

Es un libro con lenguaje desenfadado, tal como yo fui aprendiendo y como lo he enseñado durante ya muchos años. Pon en práctica todo lo que te menciono, verás que te ayudará bastante.

Como en todos mis libros, te recomiendo que leas este texto con tu familia o amigos, así aprenderás más, ya que al compartir lo leído, surgirán dudas o comentarios que te empujarán a investigar más sobre el tema, convirtiéndote rápidamente en un experto.

No estás solo, al leer este libro me llevas a tu lado como entrenador. Para hacer más dinámico tu aprendizaje, te invito a enviarme cualquier duda que tengas a **antonio@elmillonariointeligente.com** También puedes visitar mi página, donde encontrarás diversos recursos —como conferencias para descargar, audios de estimulación cerebral y textos que refuerzan lo adquirido— para seguir aprendiendo sobre estos temas:

www.elmillonariointeligente.com

Solo me resta agradecerte el haber adquirido este libro, aunque no te conozco, debo felicitarte por dejar atrás el conformismo y permitirte ser ambicioso, eso te llevará al éxito.

Juan Antonio Guerrero Cañongo

NO TE ENGAÑES, EL DINERO SÍ ES NECESARIO

Gran parte de las dificultades por las que atraviesa el mundo se deben a que los ignorantes están completamente seguros y los inteligentes llenos de dudas.

Bertrand Russell

Estoy convencido de que las personas esconden su incapacidad de generar riqueza con frases cargadas de pesimismo y conformismo, estas son algunas y mi comentario al respecto:

«El dinero no hace la felicidad.»

¿Dónde aprendió esto? ¿En una película, serie o telenovela? Lamento decirle a aquellos que lo suponen que es una afirmación errónea. Los investigadores han detectado algunos poblados que se han declarado como los «más felices» de su país y en ellos el ingreso económico de cada habitante excede por mucho al de las comunidades con más delincuencia o problemas sociales.

Los medios de comunicación constantemente nos bombardean con imágenes de millonarios déspotas, engreídos e infelices, en cambio, los pobres son personas trabajadoras, optimistas y por supuesto, felices. ¿Realmente crees esto? Yo no. Por eso no veo televisión y elijo qué ver en Internet.

El dinero es necesario para tener asegurada tu salud, contratar seguros de automóvil o de vida, que te quitarán varias preocupaciones futuras. Si no tienes dinero, vivirás rogando porque no enfermes, tengas un accidente o no mueras dejando desprotegida a tu familia.

«Siendo pobre disfruto de mi familia, como millonario nunca estaría con ella».

¿Quién les dijo esto? Supongo que una persona de estrato económico medio, quien sí tiene problemas de tiempo, puesto que alguien es dueño de él.

Los que generamos dinero ilimitado disfrutamos de nuestra familia y de nuestros amigos, ¡incluso de nuestras mascotas! Yo tengo dos perros Dachshund (llamados comúnmente Salchichas) que paseo en la mañana y por la tarde, siempre y cuando no esté viajando para dar cursos o conferencias. Ahora mismo me ha venido a saludar uno de ellos.

Si posees dinero disfrutas de tu familia, pues ese recurso está trabajando por ti. Mis negocios están en «piloto automático» y me dan dinero mientras escribo esto, comparto tiempo con mi familia o disfruto las caminatas con mis perros (llamadas también perrocaminatas).

Aseguro que tienes que aprender a trabajar inteligentemente, eso te permitirá tener tiempo suficiente para disfrutar de todos los que te rodean.

Si no tienes dinero, saldrás a buscarlo, dejando solos a tus hijos, pareja y mascotas. Si tienes dinero, podrás ponerlo a trabajar para ti. No te preocupes, aprenderás cómo a lo largo de este libro.

«El dinero solo trae problemas».

También dicen que «el dinero es la raíz de todos los males»... ¿Quién afirma esto? Por supuesto, aquellos que no tienen dinero.

Cualquier persona con dinero disponible no se preocupa del mañana, tiene asegurado su futuro y no le preocupa si la enfermedad llega o si aparece cualquier situación que requiera una pronta solución.

Creo que las personas que afirman esto, quieren decir: **«la falta de dinero** solo trae problemas» o **«no tener dinero** es la raíz de todos los males», esto sí sería correcto.

Podría enumerar decenas de refranes y afirmaciones sobre el dinero, pero no es el objetivo de este libro, mostrarte **cómo tener dinero ilimitado**, sí.

Afirmo que los refranes populares condicionan la mente de pueblos enteros, por eso debemos tener cuidado de qué repetimos a diario. A veces, sin saberlo, estamos condicionándonos hacia la pobreza con la repetición de esos absurdos, que forman parte de la «cultura popular».

No te engañes, el dinero sí es necesario, con él puedes tener tranquilidad y puedes ayudar a otros; sin él, estarás solo sobreviviendo, en el mejor de los casos; en el peor, sufriendo todo el tiempo.

¿Por qué muchos afirman que el dinero no es necesario? Hay muchas respuestas. Te menciono a continuación dos.

Una es porque aquellos que las repiten, esconden su incapacidad para ganar dinero en esas frases absurdas. Aparentemente están «convencidos» que no es necesario, por eso nadie los puede culpar por no poder conseguirlo.

La segunda es por lo que aseguran los medios de comunicación. Algunos noticieros señalan que aquellos que consiguen dinero rápidamente, por una herencia o por ganar algún juego de lotería, cometen muchos excesos y tienen adicciones; con ello, pierden a su familia.

Es cierto que esto ocurre muy a menudo, pero los periodistas no mencionan que no es el dinero el culpable, sino las personas que lo poseen. Si no están preparados para poseer grandes cantidades de dinero, lo más probable es que lo gasten, se vuelvan adictos e incluso engañen a su pareja, esto sucede por el poder y estatus que suponen poseen por tener riqueza.

Si no me crees, pregunta a algunas personas esto: «¿qué harías si ganaras un premio en la lotería?». Yo lo he hecho, este es un par de respuestas que he obtenido:

- «Me compraría una casa de lujo y me iría de vacaciones». Si hace eso, la casa le quitará mucho dinero, no solo por la compra, sino por su mantenimiento; si es muy grande, tendrá que contratar ayuda extra, como tiene dinero, no escatimará en gastos y no solo tendrá una asistenta, sino que podrá tener a una ama de llaves, una asistenta, un jardinero y más personal que le restarán su riqueza. Ni qué decir de las vacaciones; al estar ocupado en divertirse, no hará más dinero, entonces este se acabará en algún momento.

- «Me compro automóviles antiguos, que son mi pasión. Me tomo un año de vacaciones sin hacer nada». Otra persona que está pensando en gastar su dinero en lugar de multiplicarlo. Los autos no le darán dinero, le restarán riqueza y ya sabemos qué pasa con las vacaciones.

¿Crees que estas dos respuestas son inventadas? Ojalá lo fueran, pero son ciertas. Si les preguntas a muchos, descubrirás que la mayoría de las personas piensan de forma semejante.

La gran mayoría no sabe qué hará cuando tenga dinero, esa es la razón del porqué muchas personas solicitan un préstamo bancario para iniciar un negocio, pero como no saben cómo administrarlo, pronto han gastado el efectivo en cosas inservibles, quedándose sin dinero y con una gran deuda.

No te preocupes, en este libro abordaremos como eliminar ese deseo de gastar dinero y aprenderás cómo multiplicarlo.

Pero antes, tienes que darte cuenta de que el dinero es necesario y cualquiera puede tenerlo. Solo hace falta saber cómo obtenerlo.

Todos hemos crecido bajo la premisa de que los recursos son limitados. Hace un par de siglos, cuando no existía la tecnología suficiente para crearlos o la investigación necesaria para encontrar otras opciones, tenía validez, pero actualmente es absurda.

Esa premisa ha ocasionado que millones de personas supongan que el dinero también es limitado.

Cuando una población acababa con los peces de su río, tenía que comprárselos al vecino, a un precio más alto; por eso tenían tanto miedo de que los productos para sobrevivir escasearan. Como dependían de la reproducción natural, podrían pasar meses sin que tuviesen alimento suficiente, pero alguien, analizando esta situación, se decidió a acelerar el proceso instalando granjas de peces o piscifactorías en los ríos, para asegurarse que el suministro de alimento no faltara. Después de esa acción, se convirtió en distribuidor de alimentos, obteniendo aún más dinero.

No hay límites para la mente humana, que ha descubierto cómo usar el vapor, los combustibles fósiles, la energía solar y eólica para echar a andar máquinas; acciones que le ha permitido progresar en poco tiempo, y por supuesto ganar dinero.

Pero algo está fallando.

La economía en las escuelas, en cualquier grado académico, se enseña como sinónimo de acaparar los recursos disponibles para administrarlos entre unos cuantos, esto, además de ser erróneo, hace que los estudiantes supongan que la riqueza es inadmisible.

Si les preguntas a varias personas qué opinan de un millonario, la gran mayoría te dirá que es un ente codicioso, que acapara las riquezas dejando a otros sin dinero. ¿No me crees? Haz esa pregunta a varias personas y regresa a este texto.

Muchos suponen que **la ganancia de uno es la pérdida de otro**, porque les han enseñado economía desde el punto de vista del comunismo: nadie es dueño de nada, si tú eres dueño de algo, es porque se lo has quitado a otro y nunca debes especializarte, ya que todos debemos trabajar en diferentes actividades, para el beneficio de la comunidad.

No se dan cuenta de que si tú ganas dinero, yo gano dinero. Si ambos obtenemos ganancias, los demás ganan dinero.

Es lógico entonces que la mayoría de las personas supongan que la riqueza signifique quitarle el dinero a los más necesitados para hacer más ricos a los ya opulentos. Esto es un absurdo.

Los niños crecen creyendo que si quieren ser millonarios, deben quitarle algo a otra persona. Esa creencia tiene que cambiar.

¿Por qué se sigue enseñando esto? Porque la historia se enseña como «datos para recordar», nunca para «analizar».

En el pasado, si un rey deseaba ser más rico, buscaba territorios para invadir, mientras más tierra tuviera, más recursos acapararía; entonces otros tendrían que aliarse con él o darle tributo. Por esta razón, muchas personas tienen miedo de la riqueza, considerando que es necesaria una «lucha armada», que siempre genera caos y desdichas, para conseguir ser más rico.

Pero tal como mencioné, esto forma parte del pasado.

Actualmente, si deseas tener riquezas, tienes que ser **productivo**, es decir, **utilizar tus recursos de la forma más eficiente posible, para generar riqueza**.

Solo si usas la tecnología para tu beneficio podrás conquistar otros imperios, ¿por qué crees que muchas personas están haciéndose ricas con la tecnología?

Los millonarios crean riqueza ilimitada al usar las herramientas tecnológicas a su favor, creando recursos ilimitados. Estas también sirven para mejorar la productividad, lo que se traduce en más riqueza.

En cambio, los pobres buscan oportunidades económicas, nunca crear esa riqueza ilimitada, como si fueran una sociedad de recolectores y cazadores, que emigran cada vez que los recursos se terminan en determinadas zonas.

Por eso solicitan un empleo, que les otorgue una aparente seguridad económica, mientras los millonarios buscan crear riquezas mediante la constitución de empresas, para distribuir el dinero entre ellos y sus empleados.

PARA ATRAER RIQUEZA, ENCUENTRA EL SENTIDO DE TU EXISTENCIA

Si alguien disfruta marchando al ritmo de la música, en fila y al unísono, ya le desprecio simplemente por el hecho de que le han dado un cerebro erróneamente. Con la médula espinal habría bastado.

Albert Einstein

¿Por qué estás aquí? ¿Qué sentido tiene que estés vivo? ¿Qué has hecho en estos años de tu existencia? ¿Estás feliz con lo que has logrado? ¿Deseas más? ¿Estás instalado en una zona de conformismo? ¿Qué puedes hacer para tomar el control de tu vida?

Hace poco fui con un grupo a una gruta poco explorada, también iba mi hijo, quien se está preparando para ser paramédico. El guía nos señaló que llegar a los dos puntos marcados nos llevaría bastante tiempo, además tendríamos que usar cierto equipo de seguridad, pues el camino no era para nada sencillo.

Comenzamos la travesía en la oscuridad, ayudados por unas cuantas lámparas de mano. En la gruta fluye un riachuelo subterráneo, por lo que la mayor parte del tiempo en ella, estuvimos dentro de él. Eso no fue lo peor, sino que el acceso era muy estrecho, a veces teníamos que ir agachados, otras en cuclillas y mucho tiempo arrastrándonos.

Aunque me preparé para condiciones extremas en mi juventud, ahora carezco de la condición física del pasado. Debo confesarte que un par de veces el temor apareció en mi mente, lo que suele jugarnos malas pasadas cuando estamos en situaciones extremas, de repente llegaban imágenes mentales catastróficas, recordaba a los desafortunados mineros que han quedado atrapados sin que les pudieran dar auxilio alguno y me preguntaba qué pasaría si el único acceso se bloqueara. Esos pensamientos pesimistas estaban dominándome mientras avanzábamos.

Entonces comencé a reflexionar sobre esos temores, trataba de darme cuenta del porqué de ellos, pero no encontraba la respuesta. Pensé que me preocupaba por mi hijo, pero no era así, confío en él y en sus habilidades. Entonces apareció la respuesta: **no deseaba morir porque aún tengo muchas cosas por hacer.**

Estoy feliz con lo que he logrado, pero ambiciono más, no me conformo, por eso los temores se acrecentaban, tenía miedo de no poder salir de ahí para alcanzar todo lo que me he propuesto.

Recordé entonces mis reflexiones sobre el sentido de la existencia, aquellos que comencé a llevar a cabo cuando conocí la obra de Viktor Frankl, aquel médico judío que vivió los horrores del holocausto nazi.

Volví a hacerme las preguntas que redacté hace muchos años, producto de mi análisis profundo: **¿Quién soy? ¿Qué hago aquí? ¿A dónde voy?**

Son esas preguntas las que tienes que responder a partir de este día, si realmente deseas atraer la riqueza, tienes que encontrar las respuestas, a sabiendas de que no existen correctas o erróneas, sino individuales e intransferibles, en este momento imagina que estás en esa situación de peligro y contesta esas tres preguntas de forma sincera: ¿Quién soy? ¿Qué hago aquí? ¿A dónde voy?

¿Te fue simple contestar? ¿Qué cruzó por tu mente? ¿Qué temores surgieron? ¿Qué has aprendido con este primer ejercicio?

Es importante que constantemente estés buscando el sentido de tu existencia, solo así te encontrarás a ti mismo, lo que permitirá conocerte, amarte y apreciarte, para desarrollar más habilidades de las que ya tienes, entonces te será más simple atraer la riqueza.

Coloqué algunas de mis reflexiones, en la gruta que te comentaba, en mi página de Facebook, y una persona me dijo atinadamente: «esto es como la experiencia de vida de aquellos comprometidos con el éxito» y definitivamente tiene razón. Los que deseamos el éxito, comenzamos cualquier experiencia a oscuras, con unas cuantas lámparas que señalan nuestro camino, el cual es incierto. Constantemente tenemos que caminar entre obstáculos, a veces acostarnos en agua con rocas que impiden nuestro andar, después de un tiempo de cansancio, y a veces deseando dejar todo por los golpes recibidos, encontramos lo que buscábamos. Lo observamos por poco tiempo, puesto que tenemos que seguir adelante, siempre conscientes de que tendremos que sufrir un poco para poder gozar.

Esto es parte del sentido de tu existencia, siendo francos, si deseas ser millonario, nunca tendrás un camino sencillo, deberás dejar a un lado a amigos, quienes no soportarán tu andar, cientos te criticarán, a veces te harán dudar, pero si realmente deseas ser millonario, tendrás que renunciar a muchas cosas, incluyendo a una vida social, pero cuando alcances lo deseado, todo habrá valido la pena. Algo semejante a lo que ocurrió en la gruta.

Escribí en mis redes sociales esta reflexión que ahora queda adecuada para esto que afirmo:

> Hace algunos años, mientras mis amigos y conocidos se divertían, yo me quedaba en casa trabajando. Ahora tengo negocios que me dan la oportunidad de divertirme sin preocuparme por el dinero, mientras ellos trabajan duro para pagar sus deudas, las cuales fueron el resultado de esos momentos de ocio.

Y es que, mientras aprendía todo sobre la psicología y buscaba ponerla en práctica, mis amigos, se divertían. Ahora leo sus publicaciones en sus redes sociales, donde expresan su desesperación por no saber cómo obtener más dinero.

Si deseas ser millonario tienes que iniciar cuanto antes tu preparación, ese es el porqué muchos millonarios abandonaron la universidad en los primeros años, ellos sabían que debían comenzar cuanto antes a producir riquezas, mientras sus compañeros suponían que un título universitario les daría riqueza futura, nada más erróneo.

No quiero discutir sobre este aspecto, pero lo cierto es que el título universitario no te traerá riquezas, es aquello que aprendes lo que te las proporcionará.

Incluso los títulos te pueden frenar, algunas personas no quieren realizar actividades que estén fuera de su campo de estudios, es decir, si a un abogado le ofrecen vender productos para belleza, lo más probable es que afirme que eso no es para él. Después de tener mi fracaso empresarial, comencé a distribuir productos naturistas, mis compañeros y profesores veían con decepción esa actividad, lo peor es que también lo hice, por ello dejé de venderlos. Años después descubrí que los títulos universitarios pueden frenar tu avance, por eso retomé ese negocio, ahora como empresario al frente de mi propia marca de productos naturistas de belleza, con el que me fue estupendo.

Esto me lleva a preguntarte algo muy importante: **¿qué deseas fervientemente?** Reflexiona sobre esto un momento.

¿Fuiste honesto? Si deseas dinero, debes decirlo con esas palabras, si deseas ser reconocido, tienes que decirlo, **¿qué deseas fervientemente? ¿Qué estás dispuesto a hacer para lograrlo?** Cuando pregunto esto muchas personas se asustan, puesto que su mente supone que deberán realizar actos poco éticos para alcanzar sus sueños, no es así, pero cuando les falta saber cómo lograrlo, suponen que todo es mágico o requiere realizar actos cuestionables para tener éxito.

¿Sabes qué deseas? ¿Qué soñabas cuando eras niño? ¿A qué jugabas ser? Cientos de niños juegan a ser bomberos, lo cual podría indicarles que lo que realmente desean es ser útiles a la sociedad, ser reconocidos y superar los obstáculos. Cuando fuiste niño, ¿qué deseabas ser cuando fueras adulto?

Esto nos lleva a que te cuestiones cuáles son tus intereses, es decir, por qué te inclinas ahora o qué harías aunque no te pagaran.

No tienes que dar tu trabajo de forma gratuita, sino que debes encontrar tu pasión, eso que te mueve hacia la acción, eso que realmente te interesa.

Cuando trabajé como orientador vocacional, me di cuenta de que una persona exitosa sabía cuáles eran sus intereses, además de sus habilidades. Aunque los primeros son más importantes que las habilidades, ya que podrás tener aptitudes para una u otra actividad, pero si no te agrada, nunca te desempeñarás con soltura, es más, te cansarás rápidamente, pero si lo que haces te fascina, tu energía siempre estará en el nivel más alto y desarrollarás cientos de aptitudes, aunque no las poseas.

Es más importante lo que te interesa que tus aptitudes, ya que puedes desarrollar las habilidades que desees, pero nunca podrás interesarte por algo que no amas.

¿De quién te has enamorado? Supongo que de una persona que te interesa, nunca de alguien que te es indiferente. Es lo mismo con tus ocupaciones, si no te enamoras de ellas, nunca podrás tener éxito, si te interesan, podrás desarrollar las aptitudes que sean necesarias, pero si te son indiferentes, nunca usarás las que ya tienes.

Entonces la instrucción es simple: **debes encontrar aquella actividad que realizarías aunque no ganaras dinero por ella**. No te asustes, no te estoy diciendo que no vas a cobrar por lo que haces, sino que encuentres aquello que te apasiona.

Cuando era niño creo que era un *nerd*, extraña revelación pero cierta, es decir, me encantaba aprender, constantemente estaba leyendo, repasaba libros de texto antiguos y además dos horas diarias iba a asesorías con mis profesores. Así es, además de ver a mis maestros por la mañana, iba por las tardes a asesorías, no por ser mal alumno, al contrario, porque era el mejor, a ellos les encantaba esto, ya que en todos los concursos intelectuales siempre ganaba, llegando a ocupar los primeros lugares.

Por supuesto que mis profesores estaban más que felices, todos los felicitaban y les daban el crédito por mis logros, ellos ganaban, la escuela ganaba y yo realizaba lo que me satisfacía.

A veces sí me quejaba de esa actividad (¡era un niño que deseaba jugar más tiempo!), pero mi madre me decía unas palabras que me acompañan hasta el día de hoy: «a eso estás». Llegué a odiarlas, pero hace unos años descubrí su significado, quiere decir, **que tienes que hacerlo**.

Y si tienes que hacerlo, debe agradarte, por eso desde que me independicé he buscado hacer cosas que me agraden, **como quiera lo tengo que hacer y a «eso estoy»**.

Para hacer las cosas que te agradan, debes descubrir tu talento, ¿qué haces con facilidad? ¿Qué harías de forma gratuita? Te vuelvo a aclarar: no significa que regalarás tu trabajo, pero sí que lo harás con agrado aunque no te pagasen.

Todos los millonarios han descubierto su talento y lo han explotado para atraer riquezas a sus vidas, pero el pobre trabaja en algo que le dé dinero, aunque no le agrade o no sea talentoso en ello. **Los pobres buscan dinero, los millonarios descubren sus talentos**.

Realiza aquello que te agrade, entonces serás feliz, comienza por encontrar tus talentos, es más, **ahora mismo identifica cuáles son tus talentos y anótalos**.

Estos talentos, ¿corresponden a lo que te agrada? Recuerda, debe gustarte lo que haces, ¡tienes que estar interesado para lograr algo! Podrás desarrollar más talentos cuando encuentres aquello que te agrade, cuando descubras tu pasión.

Tal vez hayas descubierto que no tienes ciertos talentos que te gustaría poseer, si es así, ¿qué esperas para desarrollarlos? Es momento de que tomes el control de tu vida y comiences, recuerda que no nacemos con talentos especiales, sino que los desarrollamos conforme pasa el tiempo.

Yo, como todos, nací sin poder leer y escribir, pero con la estimulación previa y mis deseos por conocer qué decían los libros que vi en casa, aprendí rápidamente, posteriormente lo seguí mejorando, hasta hacerlo automáticamente, sin pensar. Leía todo lo que estaba a mi alcance, incluso anuncios publicitarios, cajas de productos comerciales e instrucciones de aparatos electrónicos, es decir, seguí mejorando esa habilidad, hasta convertirla en un talento, que me abrió muchas puertas.

Por eso necesitas hacer algo semejante, primero tienes que tener un interés, como yo lo tenía, después practicar hasta hacerlo inconsciente y, por tanto, automático, después seguir haciéndolo todo el tiempo, como te agrada, no te será aburrido o complicado, repetirás una y otra vez un proceso, hasta dominarlo.

¡Así tendrás un talento!

Si repites una y otra vez este proceso con otras áreas de interés, pronto tendrás muchos talentos en tu repertorio, los que te ayudarán a triunfar en cualquier área de tu vida.

¿Supones que no tienes talentos? No importa, con esto que te he descrito, puedes construir los que desees y necesites.

Darte cuenta de tus talentos, habilidades e intereses, te permitirá usarlos cuando sea necesario, además, conocerás más de ti mismo. Recuerda aquella cita del «Arte de la guerra»[1]:

> Si conoces a tu enemigo y te conoces a ti mismo, no debes temer el resultado de cien batallas. Si te conoces a ti mismo, pero no a tu enemigo, por cada victoria ganada sufrirás

---

[1] Libro sobre tácticas y estrategias militares, escrito por Sun Tzu, un famoso estratega militar chino, en el siglo II AC.

una derrota. Si no conoces ni a tu enemigo ni a ti mismo, sucumbirás en cada batalla.

Por tanto, el objetivo es conocerte, antes de conocer los secretos de los millonarios; así encontrarás el sentido de tu existencia, para posteriormente descubrir el método que te llevará a ganar todas tus batallas.

Te cuestiono de nuevo: **¿quién eres? ¿A dónde quieres llegar?** Cuestiónate esto constantemente, esas dos preguntas te acompañarán a lo largo de tu vida y su respuesta te ayudará a alcanzar el éxito.

Nunca dudes de tu capacidad, ni supongas que todo está escrito, tú estás construyendo el camino que deseas recorrer, nadie más que tú podrás alcanzar aquello que te propongas, pero primero tienes que proponértelo, por ello debes saber de dónde partes y a dónde quieres llegar.

Muchos podrían hacerte dudar, incluso los eventos que vayan surgiendo podrían hacerlo, pero tal como me sucedió en la gruta, date cuenta de que la única opción para triunfar es que tomes una ruta y la sigas sin titubear. Pero primero decide qué deseas para tu vida y cómo podrías llegar a ello. Steve Jobs[2] dijo algo sumamente interesante en su ya mítica conferencia en la universidad de Stanford en Estados Unidos:

Tu tiempo es limitado, no lo gastes viviendo la vida de otras personas. No se dejen atrapar por el dogma que implica vivir entre los resultados de los pensamientos y creencias de otros. No permitan que el ruido del

---

[2] Empresario del sector informático y de la industria del entretenimiento estadounidense, cofundador y presidente ejecutivo de Apple Inc.

pensamiento de otras personas ahogue su voz interior.

Debes de buscar tus propias respuestas a las preguntas anteriores y evitar imitar el actuar de otras personas, podrías observarlas e incluso admirarlas, pero tienes que hacer tuyos su comportamiento, es decir, colocarle tu propia marca. Profundizaré sobre esto más adelante.

FUIMOS PROGRAMADOS PARA ATRAER LA RIQUEZA O ALEJARLA

Si quieres conocer el pasado, entonces mira tu presente que es el resultado. Si quieres conocer tu futuro mira tu presente que es la causa.

Buda

Desde niños, fuimos programados para atraer la riqueza o alejarla, por eso tenemos que descubrir esas programaciones previas, para reprogramarnos hacia la abundancia. Eso es lo que aprenderás en este apartado.

A partir de esa programación previa, construimos una forma de ser, una historia personal respecto a diversas áreas de nuestra vida, esa historia nos ha influido para tener éxitos o fracasos en nuestras relaciones interpersonales, en las relaciones de pareja, en lo educativo y por supuesto en nuestra relación con el dinero.

Hay cuatro elementos que construyeron tu historia personal respecto al dinero:

1. Emociones.

2. Comportamientos.

3. Pensamientos.

4. Experiencias.

El dinero puede disparar **emociones** como enojo, resentimiento, admiración, compasión, lujuria, hostilidad, felicidad, etc.

Sé honesto en este momento, ¿qué emociones asocias con dinero? Cuando escuchas algo referente al dinero, riqueza o ser millonario... ¿qué emociones llegan? ¿Felicidad o tristeza? ¿Envidia? Cuándo escuchas hablar de la vida de un millonario, ¿qué sentimientos afloran? ¿Alegría por él? ¿Envidia por sus triunfos?

Muchas personas asocian al dinero con tristeza, por ejemplo, Lula, quien me confió que su padre había tenido gran éxito con su empresa. De inmediato todo cambió, él comenzó a faltar muchas noches a su casa, su madre se enteró de que le era infiel y le solicitó el divorcio, se separaron y ella refiere una adolescencia muy complicada. Lula asociaba el dinero con tristeza, por lo que, inconscientemente, lo rechazaba, puesto que era el causante de su desdicha.

Otro elemento que tienes que tomar en cuenta, es tu **comportamiento** respecto al dinero. Existen personas que ante una posible oportunidad de negocio, no dudan ni un instante en dejar todo a un lado para ganar dinero, pero otros prefieren dejarla pasar por darle preferencia a otros aspectos de su vida individual, familiar o social. Por ejemplo, Luis, un millonario quien hizo su riqueza siendo comerciante, no le importa despertarse a media noche, después de haber dormido un par de horas, si una idea de negocio surge en su mente, él la escribe, desarrolla y busca posibles socios a esa hora. Andrés, un empleado, prefiere dormir aunque tenga una idea que podría llevar a cabo, él afirma que ya llegará su inspiración cuando esté despierto.

En tus comportamientos te puedes dar cuenta del significado que tiene para ti el dinero o ser millonario, todos los millonarios que entrevisté, tenían un comportamiento agresivo, pero asertivo, en cambio, los analfabetos financieros, tienen un comportamiento pasivo y poco asertivo. Abundaré en información sobre estos tipos de comportamiento o actitud más adelante.

Los comportamientos de los millonarios incluyen:

- Vivir bien debajo de sus posibilidades.

- Aplicar su tiempo, energía y dinero de manera eficiente, buscando la forma de crear riqueza.

- Defender que la independencia financiera es más importante que mostrar un estatus social alto.

- Buscar la independencia lo más rápido posible de sus padres o empleadores.

- Buscar y encontrar oportunidades de negocios.

- Escoger una ocupación que les agrade, aunque no tengas las habilidades necesarias.

Estos comportamientos fueron desarrollados en alguna etapa de su vida y, en muchas ocasiones, no escucharon a las personas de su alrededor que intentaban influir en su recientemente adoptado comportamiento.

El comportamiento es un elemento muy importante en los millonarios, pues construye las creencias que lo acompañarán en su éxito.

Otro elemento que constituye tu historia personal, son los **pensamientos** que tienes respecto a la riqueza.

¿Qué suposiciones tienes respecto a la riqueza? ¿Supones que el millonario es una persona vil? ¿Crees que si tienes dinero serás desdichado? ¿Qué pensamientos afloran cuando escuchas sobre riqueza o millones?

Aunque más adelante te cuestionaré sobre quién te dio esas creencias y seguiremos trabajando con ellas, ahora deberás darte cuenta de qué pensamientos afloran cuando escuchas u observas riqueza.

Las **experiencias** son las imágenes, sonidos, sensaciones, olores y sabores que tienes asociados con la riqueza. Desde que eras niño has ido construyendo una experiencia alrededor de ser millonario, por eso debes darte cuenta de ella ahora. ¿Qué olores asocias con riqueza? ¿Son agradables o desagradables? ¿Qué imágenes, sensaciones, sonidos y sabores asocias con la riqueza? ¿Te agradan o desagradan? Hablaré más sobre las experiencias más adelante, cuando te exponga sobre la visualización.

Como ya te he comentado, has sido programado para atraer dinero o rechazarlo. Las personas que te rodearon desde antes de que nacieras influyeron de tal forma que tu actuar se moldeó de acuerdo a sus emociones, comportamientos, pensamientos y experiencias. Pero también fuiste influido por los sucesos históricos, culturales y sociales de la humanidad.

Hace algunos millones de años los humanos cazaban y recolectaban frutos para subsistir, los niños y las mujeres se quedaban en casa esperando que los varones les proveyeran de alimento. Por lo regular habitaban en cuevas, ya se dominaba el fuego y se tenía la inteligencia suficiente para usar huesos, madera, conchas de mar y, por supuesto, piedra para la fabricación de utensilios, es decir, se usaba lo que se tenía para sobrevivir.

Casi al final de la llamada edad de piedra se comenzó a atrapar animales para su crianza, esto dio origen a la ganadería, también se apartaban las semillas de los frutos, que se utilizaban para sembrarlas cerca de casa. Ese fue un gran avance, pues ya no tenía que salir de la cueva a buscar comida, sino que la comida estaba en el hogar, por lo que se redujeron los índices de mortalidad (si salías a cazar, era muy probable que sufrieras un accidente e incluso murieras) y se tuvo más tiempo para organizarse como sociedad.

Alguien tuvo que colocarse al frente, para administrar lo obtenido y repartirlo equitativamente; el más fuerte sobresalía y los más débiles buscaban ser protegidos, sin importarles llegar a ser alguna vez el jefe del clan. Al tener más tiempo, las estructuras sociales aparecieron.

Como ciertas comunidades poseían algunos frutos que otros grupos no tenían, se hacían trueques, es decir, se intercambiaban productos. La economía como la conocemos, recién comenzaba.

Actualmente, la sociedad ya dejó de vivir en cuevas (que conseguían gratis), ya no produce sus propios alimentos (los compra), ya no sale a cazar (aunque sale a conseguir el sustento) y tienen herramientas tecnológicas que le hacen más simple su vida diaria (aunque aún no termine de pagarlas).

¿Hubo un cambio? Aparentemente sí, pero la esencia sigue siendo muy similar: **consigue un lugar seguro para tu familia, sal a buscar el sustento y dedica el tiempo libre a ver televisión para olvidarte un rato de los peligros que hay fuera de tu cueva** (perdón, de tu casa).

¡Seguimos en una edad de piedra respecto a cómo ganar dinero!

Millones de personas salen a diario de su casa, ya no cazan animales peligrosos pero si lidian con jefes malhumorados que los intentan despedir ante la más mínima falla, reciben lo básico para la subsistencia pero siguen agradecidos de estar seguros viviendo en sociedad.

Cada año que pasa la salud se quebranta debido al estrés en el trabajo, en la calle y en el hogar, millones de personas no tienen asegurado su futuro y les aterra ser despedidas, dejamos atrás la caza, pero seguimos siendo vulnerables ante quien supuestamente ostenta el poder.

¿Por qué seguimos igual? ¿Dónde perdimos el rumbo?

Parece que te escucho decir: «no es cierto, estamos mejor» o «de morirme inmediatamente aplastado por un mamut, prefiero lidiar con mi jefe». Puedes tener miles de excusas para no darte cuenta de que lo que estás haciendo está mal, pero debes responsabilizarte de tus errores.

No te justifiques, ya irás aprendiendo sobre cómo atraer riqueza ilimitada.

Insisto, ¿por qué muchas personas siguen actuando de esa forma? Es simple, muchos necesitan la seguridad de una cueva, tener un grupo de personas con las cuales contar para no sentirse solos (además de considerarse protegidos) y tener el alimento diario. Esto sucede por ciertas partes de su complejo sistema neuronal. Ahora te explico.

En 1970, el neurocientífico estadounidense Paul McLean propuso su teoría del cerebro triuno, es decir, nuestro cerebro había experimentado tres grandes etapas de evolución, por eso existe una jerarquía de tres cerebros en uno:

- **El cerebro reptil**, ubicado en el tallo cerebral. Regula el proceso de supervivencia, es compulsivo y estereotipado. MacLean menciona que por eso muchos animales regresan a terrenos conocidos, como las tortugas marinas que viajan año tras año al mismo terreno de crianza de años atrás (los humanos regresan a la casa de sus padres por «tradición»).

- **El cerebro paleomamífero**, ubicado en el sistema límbico. Permite que los procesos de sobrevivencia básicos del cerebro reptil interactúen con elementos del mundo externo, provocando deseo y emociones. MacLean afirma que, por ejemplo, el instinto de reproducción interactuaría con la presencia de un miembro atractivo del sexo opuesto, lo que genera sentimientos de deseo sexual (por eso buscamos a la mujer u hombre más apto para engendrar a nuestros hijos).

- **El cerebro neomamífero**, ubicado en la neocorteza. Este regula emociones específicas basadas en las percepciones e interpretaciones del mundo inmediato. Aquí se encuentran los procesos intelectuales superiores: el pensamiento, lenguaje, creación de las ideas, etcétera.

Aunque todos poseemos los tres, en ciertos ambientes uno de ellos tomaría el control, por ejemplo, si tu casa se estuviera incendiando, no te detendrías a tratar de explicar el porqué, si no que saldrías corriendo de ella o tratarías de controlar el fuego, mucho después tratarías de deducir las razones del suceso.

Lo triste es que parecería que muchas personas no utilizan el cerebro neomamífero (también llamada neocorteza) solo el reptil o el límbico.

No es que tengan algún problema mental o semejante, simplemente no lo han estimulado adecuadamente. Si te das cuenta, el cerebro reptil funciona a la perfección desde que estamos en el vientre materno, ya que, aunque tenemos un entorno ideal, nos movemos para hacernos espacio (de ahí las famosas «pataditas» del bebé) y reaccionamos cuando escuchamos un ruido fuerte. Cuando nacemos, lloramos por hambre (reflejo de moro) o exigiendo que nos cambien el pañal, tomamos el dedo de la persona que nos lo ponga en las manos (reflejo de agarre, para sostener la comida) y succionamos cualquier objeto que nos pongan en la boca (reflejo de succión para alimentarnos).

Debido al reptil buscamos seguridad, por eso nos asusta salir de nuestra cueva (bueno, casa) y si le añades las funciones del límbico, tienes ansiedad por cambiar de empleo o tomar algún riesgo al iniciar un negocio.

En la edad de piedra eran fundamentales estos dos cerebros, gracias a ellos sobrevivimos, pero ahora no podemos dejar que nos controlen, puesto que nos frenarán nuestro avance hacia el éxito.

Entonces ¿por qué seguimos utilizando los dos cerebros básicos? Son varias las razones, pero la más importante es la programación obtenida desde que somos concebidos. Quiero que reflexiones en este momento y contestes a estas sencillas preguntas:

¿Fuiste deseado y/o planeado? Es decir, cuando tus padres te engendraron, ¿deseaban ese embarazo o no lo deseaban? ¿El embarazo fue planeado o no? Si no lo sabes, pregúntale a tus padres y contesta si fuiste deseado y/o planeado y el por qué de tu respuesta:

Con esta reflexión no deseo que vayas a reclamarles a tus padres, sino que te des cuenta de tus programaciones más tempranas, es decir: ¿cómo te influyó ser deseado y/o planeado? Si fuiste no deseado y no planeado, ¿cómo te influyó y qué hiciste para cambiar ese rechazo inicial por parte de tus padres?

Cuando comprendas el por qué eres así, podrás cambiar tus creencias respecto a todo lo que te rodea, incluyendo la adquisición de riqueza, pero si no lo sabes, te será difícil construir una vida saludable y en abundancia.

En mi práctica, ayudando a atraer y adquirir riqueza, he observado que personas que no fueron deseadas y tampoco planeadas tienen problemas económicos, su falta de identidad se extiende hasta las áreas financieras, a veces solo trabajan para recibir la aprobación de otros, incluyendo sus padres, pareja e hijos. Por ello se encuentran en empleos mediocres, que les proporcionan una supuesta seguridad y aprobación de parte de su familia y amigos.

Esto no tiene que ser así siempre, cuando se dan cuenta de que no fueron deseados y planeados, comienzan una sanación interna por medio de diversos recursos, los mismos que te iré compartiendo a lo largo de este libro. Por eso te he solicitado que investigues estos aspectos en tu vida, ¡tienes que darte cuenta de dónde vienes para saber a dónde tienes que llegar!

Entre más información poseas de tu pasado, más control tendrás de tu vida, ya que conocerás qué aspectos cambiar y qué programas previos te han influido. Por eso te recomiendo que preguntes a tu familia, elabores tu historia personal y la analices para encontrar dónde podría haber problemas.

No solo analiza tu historia familiar, sino también la escolar, donde encontrarás más información interesante del por qué eres así.

Todo lo que escuchaste de tus profesores también te influyó, ellos son personas con emociones, comportamientos, pensamientos y experiencias que te sirvieron de modelo, aunque no lo hayas percibido de esa forma.

Pero además, la escuela no estimula la neocorteza, es decir, la educación no está diseñada para estimular los procesos mentales superiores, sino los básicos. La educación básica en muchos países no estimula la neocorteza, solo el cerebro reptil y el límbico.

Este es un día típico en la educación primaria:

> El niño llega. Espera el sonido del «timbre» que le indica que es la hora de entrada (condicionamiento básico, es decir, estimulación al cerebro reptil). Hace una formación tipo militar en el patio de la escuela y espera órdenes de un profesor o director (debe obedecer a la autoridad-estimulación de los cerebros reptil y límbico-), si conversa con uno de sus compañeros, lo castiga su profesor pasándolo al frente del contingente para que todos lo vean (el castigo estimula el cerebro reptil). Después de unos minutos, pasa a su salón de clase, obviamente, «en orden» con su grupo, sin salirse de la fila (estimulación del cerebro reptil). Ya en el aula se sienta en el mismo lugar de siempre (estimulación del cerebro reptil), escucha al profesor dar instrucciones y exponer sus «conocimientos» (o sea hablar y hablar, la «verborrea» estimula el cerebro reptil y límbico). Si el alumno habla u opina, el profesor puede indicarle que se calle y escuche, al fin y al cabo él ya «estudió» más tiempo y por

tanto es un experto (estimulación del cerebro reptil y límbico). En el salón de clase se premia al «obediente» o sumiso (aquel que tiene altamente estimulado su cerebro reptil) y se castiga al que cuestiona (aquel que está estimulando su neocorteza). Durante su estancia en el aula el alumno tiene que aprenderse todo de «memoria» (estimulación del límbico) y repetir datos sin comprenderlos. Cuando sale, a su casa se lleva mucha «tarea» para reafirmar lo aprendido (así sus padres seguirán «educándolo» en su casa, es decir, estimulando el reptil y límbico).

¿Y aún te preguntas por qué hay pocos millonarios en el mundo? La riqueza se encuentra en la neocorteza, como te explicaré más adelante, pero la «educación» se esmera en estimular el reptil y límbico para tener sujetos que trabajen sin objetar (sean sumisos) y sigan haciendo lo mismo una y otra vez (aunque no funcione).

Por eso las personas crecen deseando un hogar, dicho de otra forma: conseguirse una pareja ideal (aquella que sea sumisa o su menso, perdón sumiso), tener algunos hijos a los cuales criar de diferente forma que fue criado (¡aja!) y comprarse sus «cosas» (televisión, ropa de lujo, muebles para que los envidie el vecino, etc.).

La mayoría de los individuos desean un hogar para protegerse de los peligros de afuera, buscan un empleo para estar seguros y que nada les falte y se divierten en familia según indica la televisión.

¡La edad de piedra contemporánea!

Si no te has dado cuenta, un empleo no es seguro, tú supones que te proporciona seguridad pero no es así, tu casa puede quitarte dinero y tu pareja también (espera, no te divorcies, más adelante te diré cómo ganar dinero), no debes tener algo «seguro», ¡debes atraer la riqueza para que nada te falte!

Por eso tienes miedo de iniciar un negocio que te podría dar más dinero que los fabulosos cinco euros la hora que ganan muchos, el miedo forma parte del cerebro reptil y si lo sumas con el límbico, pronto no harás nada porque tu cerebro te impide tomar riesgos.

¡La economía de muchas personas es como la edad de piedra! Solo buscan estar en su cueva y sobrevivir (sí, escribí cueva de nuevo, no te preocupes, ya no lo voy a hacer —eso espero).

¿Qué tendría que hacer la escuela para realmente educarnos para vivir decorosamente y no solo sobrevivir? Es muy sencillo, debería ser una escuela activa, es decir, mostrar el camino y proporcionar todas las herramientas para que el alumno aprenda a aprender. En el siglo pasado (el XX), un gran educador francés, Celestin Freinet, afirmó que:

- El **trabajo** es el principio motor y filosofía de la educación.

- El **ejemplo** es el medio educador por excelencia.

- La disciplina se basa en la **organización**, no en la autoridad.

- Se trabajará en un ambiente de **libertad y democracia**.

- La suma de **mente desarrollada y manos expertas** es la clave del éxito.

Una escuela que sigue los principios de Freinet permite que los alumnos aprendan en un ambiente de libertad: no les exige uniformes (en lugar de estos usan batas de trabajo que cada niño hace), no hay pupitres acomodados siempre de la misma forma (hay mesas de trabajo que siempre se están moviendo), el maestro no tiene su propia mesa (siempre está con los niños) y tampoco es una figura de autoridad (el niño respeta al maestro por su preparación y edad diferente, pero no por temor a ser castigado).

Pero la escuela actual está hecha para controlar al alumno, matar su interés innato por aprender, exterminar su iniciativa (para obedecer a ciegas, sin reflexionar) y hacerlos irresponsables. **La escuela tradicional** (o actual) **convierte a los sujetos en entes pasivos, sin creatividad y por supuesto sin iniciativa**, es decir, ¡futuros empleados!

La mayoría de las personas «educadas» callan, obedecen y memorizan, nunca preguntarán, analizarán, investigarán y tendrán alguna iniciativa. ¡Estos son los perfectos empleados!

La escuela ha permanecido así desde que estaba en poder del clero. Imagino tu cara de sorpresa, ¡Por supuesto!, las órdenes religiosas comenzaron la escuela como la conocemos y, aunque ha habido reformas, no han sido para cambiar la forma de educar, solo para mejorar la calidad educativa en términos laborales (para los maestros) y para generar mejores empleados (las reformas educativas se hacen para insertar al alumno en un ambiente laboral, nunca para que este aprenda).

Recientemente, en todo el mundo, se lleva a cabo una reforma educativa, liderada por la Organización para la Cooperación y el Desarrollo Económico (OCDE) que busca hacer competente al estudiante para poder insertarse en una empresa o fábrica. Esta es una de las orientaciones de la reforma educativa:

Educar con un enfoque en competencias significa crear experiencias de aprendizaje para que los estudiantes desarrollen habilidades que les permitan movilizar, de forma integral recursos que se consideran indispensables para realizar satisfactoriamente las actividades demandadas.

Nunca dice que desarrollen habilidades para crear una empresa que otorgue empleos, sino «...movilizar, de forma integral recursos que se consideran indispensables para realizar satisfactoriamente las actividades demandadas», es decir, se adapten a los trabajos que se les asignen.

No puedo afirmar que todo el sustento de la reforma educativa es absurdo, ya que tiene puntos que pueden ser útiles para cambiar la mentalidad del estudiante, pero son los mismos profesores los que no han realizado las transformaciones que serán útiles para educar individuos creativos, tenaces y con iniciativa. El alumno está expuesto a empleados (sus profesores), que carecen de esos atributos, por eso nunca habrá una reforma integral de la educación como se debería tener. El profesor fue educado por otro profesor y este a su vez educará a las futuras generaciones; son pocos docentes los que escapan de esta especie de «maldición».

La escuela debería desarrollar competencias que sean útiles para crear empresarios que generen empleos y riqueza, no para educar individuos listos para insertarse en un ambiente laboral.

Insisto, ¡se sigue educando a los niños para ser empleados!

La escuela de educación básica, que ya no hiciera eso, debería tener talleres de oficios, incubadoras de negocio, además de espacios de reflexión y crítica donde se invitara a empresarios que hablaran sobre su experiencia.

Escuelas que tuvieran mercados de compra y venta dentro de ella, donde los niños vendieran productos fabricados por ellos o comprados al mayoreo para venderse al menudeo, donde se les permitiera jugar a ser comerciantes y descubrieran sus potencialidades innatas de venta (el niño es un experto persuadiendo). Ese sería el primer paso para dejar atrás la edad de piedra mental.

Solo conozco un par de escuelas de educación básica que lo hacen, desafortunadamente es por determinados meses, no todo el ciclo escolar. Imagínate que lo hicieran todo el tiempo, si esto sucediera, creo firmemente que los alumnos aprenderían a comprar y vender, a darse cuenta de qué producto tiene alta rotación y en qué temporada, elaborarían un calendario de ingresos y gastos (una hoja de trabajo que yo he llamado el calendario estacional y que enseño en mis seminarios), modificarían sus tácticas de mercadotecnia y, lo más importante, realmente aprenderían a ganar dinero, no solo a recibirlo.

«Soñar no cuesta nada», dice el refrán, pero si comenzamos soñando varios, podemos cambiar la educación como la conocemos, si no, al menos ayudaremos a las personas que nos rodean.

EL DINERO NO ES LA SOLUCIÓN A TUS PROBLEMAS ECONÓMICOS

La gente no quiere pensar. Quieren entregar el mando de sus vidas para que otros tomen las decisiones por ellos.

Sara Northrup Hubbard

El papá de Raquel compraba billetes de lotería constantemente, después de un par de años haciéndolo y sin granar ningún premio, la suerte tocó a su puerta, ganando una cantidad de dinero bastante alta. Todos en su familia estaban felices, al fin podrían tener esa casa que tanta falta les hacía, catorce años de vivir rentando vivienda eran suficientes.

Su padre de inmediato realizó todos los trámites para cobrar el premio, en poco tiempo, ya tenían el dinero depositado en una cuenta bancaria recién abierta para aquel fin. De inmediato comenzó a comprarle regalos a su familia, ellos se lo merecían. Su esposa dejó de cocinar, era mejor que la vecina les preparara algo de comer, a cambio de una paga, así la pareja podía dedicarle tiempo a buscar la casa ideal, aquella que siempre soñaron.

Solo buscaban su casa mediante los anuncios del periódico, todas las mañanas lo adquirían y buscaban entre algunas decenas de ellos, llamaban a un par de personas que vendían y si les parecía interesante, la visitaban.

Pasaron algunas semanas en las cuales todas las noches iban a cenar fuera de casa, incluso invitaban a sus vecinos, para agradecerles por proporcionarles ayuda cuando tenían problemas económicos.

Por fin se decidieron por una casa, era como la habían soñado. Su costo era mayor a su premio de la lotería, pero podían solicitar un préstamo para tenerla rápidamente, antes que otro comprador llegara. El vendedor inmobiliario les ayudó a realizar todos los trámites ante la institución bancaria, la cual les concedió una hipoteca del 50% de la casa, para pagarla a diez años.

Se cambiaron a la nueva residencia, donde Raquel y su hermano tenían su propia habitación, al igual que sus padres. Además, había dos cuartos más, para cuando tuvieran visitas. También poseía un gran jardín e incluso una casa para dos perros, aunque por el momento no los tenían, pero ya los conseguirían.

Como aún sobraba dinero del premio, decidieron comprar un automóvil nuevo. El que eligieron era hermoso, pero demasiado costoso, como no les alcanzaba, decidieron solicitar otro préstamo, de cualquier forma el banco no se lo negaría por no tener ya deudas.

Con casa y auto nuevo, comenzó una nueva vida, la familia de Raquel seguía haciendo lo mismo, a diario, su padre salía a trabajar, los hijos iban al colegio y su madre atendía el hogar.

El papá de Raquel comenzó a llegar tarde a su casa, alegando que tenía mucho trabajo. Ya no cenaba con ellos como de costumbre y se retiraba a una de las habitaciones de los huéspedes a descansar.

Unos meses después, llegó una carta del banco, donde les solicitaba el pago de dos meses atrasados de la hipoteca, la madre de Raquel, extrañada y molesta, increpó a su marido en cuanto llegó, él alegó que le habían descontado algunas horas en su trabajo y por eso se había retrasado en los pagos, pero pronto se pondría al corriente.

Al otro mes llegó otro aviso, ahora era el préstamo del automóvil el que presentaba el retraso. En cuanto llegó el padre, toda la familia lo esperaba en la sala, cuando le preguntaron qué estaba pasando, él les dijo a todos: tengo otra mujer y me voy a vivir con ella. Sin más, se retiró de ahí y todos quedaron atónitos ante esa noticia.

Los días que pasaron fueron un infierno para la familia, el banco comenzó a llamarles a diario para solicitar su dinero.

La madre de Raquel todo el tiempo les decía a sus hijos que todo era culpa de ese premio, si no lo hubiese ganado su esposo, todo seguiría igual.

¿Realmente era la culpa de ese premio de lotería?

Desafortunadamente esta historia no es ficticia, por supuesto he cambiado el nombre de la protagonista y he generalizado bastante para no comprometerla, pero esto ocurre más a menudo de lo que parece.

Muchas personas están despilfarrando el dinero por no tener los hábitos adecuados, pregúntales a varias personas esto: ¿Qué harías si hoy ganaras la lotería? Podría asegurarte que la mayoría te va a contestar algo como esto: «me compraría una casa y un automóvil», «compraría ropa» o «pagaría mis deudas». Todas esas contestaciones implican despilfarrar el dinero.

Existen investigaciones que demuestran que el 99% de los ganadores de lotería han gastado todo su dinero después de poco tiempo de haberlo obtenido, pero lo más preocupante es que de ese porcentaje, el 80% está con más problemas económicos de los que tenía antes de ganarla.

Muchos suponen que el dinero es la solución a todos sus problemas pero no es así. **Si tienes los hábitos y creencias incorrectos gastarás todo el dinero que percibas**, eso no es una maldición, pero sí es una realidad.

Los millonarios que entrevisté modificaron sus hábitos y creencias de tal forma, que ahora pueden generar mucho más dinero que antes, descubrieron qué tenían que hacer para generar riqueza y sin dudarlo siguieron un sistema que los está haciendo cada vez más ricos. Eso es lo que te estaré mostrando a través de las líneas de este libro.

Los hábitos y creencias juegan un papel muy importante para tener éxito y atraer la riqueza, pero si tienes los incorrectos, solo atraerás desdicha y deudas. Por eso tienes que descubrir cuáles debes observar y cuáles desechar.

El papá de Raquel supuso que el dinero sería la solución a todos sus problemas, pero no era así, al no cambiar sus supuestos sobre él, comenzó a gastarlo, un millonario en su lugar hubiese multiplicado ese dinero. He afirmado en otros libros que nos enseñaron a consumir, es decir, a gastar el dinero, nunca a multiplicarlo.

Perdió de vista el objetivo principal de una casa, que es cumplir con la necesidad de seguridad, por eso adquirió una construcción demasiado grande, como no investigó y tampoco preguntó a alguien con más experiencia, supuso que ese inmueble era el adecuado. Esto pasa muy a menudo, las personas gastan su dinero en cosas inadecuadas, los millonarios, invierten su dinero en cosas que les dan más dinero. Si no estás preparado para tener dinero, lo más probable es que lo dilapides, pero si sabes cómo multiplicarlo, rápidamente verás los beneficios.

Muchos millonarios están adquiriendo automóviles usados, pero el papá de Raquel compró uno nuevo, tampoco analizó el objetivo del vehículo: transportarlo. Él optó por uno que le iba a quitar más dinero, por eso pagó las consecuencias. Por supuesto también el elegir otra pareja le hizo gastar dinero. De los hábitos de consumo hablaré en otro capítulo.

Lo anterior nos lleva a la primera gran verdad para tener riqueza sin límite: **el dinero no es la solución a tus problemas económicos, el cambio de hábitos y de creencias sí lo es**.

En mi investigación sobre la atracción de riqueza, descubrí cuatro claves para conseguir lo que desees y tener éxito en lo que te propongas:

1. Estimular tu cerebro.

2. Cambiar tus creencias.

3. Modificar tus hábitos.

4. Cuidar tu cuerpo.

En este texto abordaré solo las tres primeras, si deseas saber de la cuarta, en mis otros libros publicados puedes aprender sobre ella.

Tu éxito depende de observar estas claves, los millonarios lo han hecho, así como los deportistas de élite. ¿Supones que un jugador de fútbol famoso obtuvo ese reconocimiento por estar todo el día acostado? Por supuesto que no, él tuvo que entrenar varias horas al día, aunque estuviera tentado a descansar. Recuerdo ahora una noticia que leí hace poco, de una mujer que tiene diversas medallas por su actividad, pero ella trabaja como cajera en un supermercado, por lo que su tiempo para comer lo ocupa para entrenar, así como los sábados y domingos, es más, en todo momento está entrenando, por eso tiene esos premios, si ella se hubiese quejado de su situación y no modificara sus hábitos, no tendría esos galardones, así de simple.

Si deseas tener medallas como ella, debes estimular tu cerebro, cambiar tus creencias y modificar tus hábitos, eso es lo que aprenderás en las siguientes líneas.

Es por eso que la familia de Raquel tuvo problemas, en lugar de modificar sus hábitos y creencias, siguieron haciendo lo mismo, incluso gastando más de lo que estaban acostumbrados, esos errores los llevaron a la ruina económica, familiar, moral y psicológica.

Como ellos existen millones de personas que están intentando sobrevivir a diario pero solo encuentran cientos de obstáculos para lograr su libertad financiera. Por eso afirmo que el dinero no es la solución de tus problemas, lo es que cambies tus creencias, modifiques tus hábitos y estimules tu cerebro.

Una persona que conozco, la cual participó en un programa televisivo donde buscaban a nuevos artistas, ganó un premio de casi 100.000 euros, además de varios contratos para actuar. De inmediato compró una casa de lujo, algunos automóviles antiguos y se casó. Ahora vende artículos usados en un bazar, no tiene ya dinero, su esposa le solicitó el divorcio, ha vendido sus vehículos y está en la ruina. Muchos podrían afirmar que el dinero fue el responsable de sus desgracias, pero no es así, él tuvo toda la culpa, por no poder tomar el control de su vida.

Podrías tener mucho dinero, pero si no estás educado financieramente, lo despilfarrarás de inmediato, quedando incluso en la ruina. Por eso te enseñaré en todas estas líneas lo que tienes que conocer, para evitarte muchos dolores de cabeza.

PARA ATRAER LA RIQUEZA TIENES QUE REPROGRAMAR TU MENTE

Estudia el pasado si quieres pronosticar el futuro.

Confucio

Desde pequeños nos han programado para la pobreza, sobrevivir o ser millonarios. Sin darnos cuenta hemos recibido centenares de instrucciones hacia nuestro inconsciente para hacer o dejar de hacer algo que nos provea riqueza.

Nuestros padres tenían una idea sobre la riqueza que nos enseñaron consciente o inconscientemente. Laura, una lectora, me compartía que su madre le había dicho desde pequeña que el dinero era la «raíz de todos los males», por eso cuanto ella comenzó a trabajar —y por ende a ganar dinero— buscaba cómo gastarlo rápidamente, como si evitara contagiarse de ese «mal».

Un asistente a mis seminarios no podía conservar su dinero porque sus padres le afirmaban de niño que la vida era para disfrutarla, por eso todo lo que ganaban, lo destinaban para diversiones, aunque nunca tenían lo suficiente, eran «felices». Para que se diera cuenta de su programación, le pregunté qué pasaba cuando alguien enfermaba, a lo que él me contestó que iban a pedir prestado para curarse; lo mismo ocurría una semana antes del pago, iban a buscar quién les diera un préstamo para poder comer los días restantes. Cuando se dio cuenta de que consideraba que el dinero era para gastarse, cambió esa creencia por «el dinero es para producir más dinero» y comenzó a tener el control sobre él. También cambió su forma de pensar cuando le hice ver que sus padres ahora viven a expensas de él y de sus hermanos, ya que no tienen dinero para su vejez y que si no cambiaba sus hábitos, estaría igual que ellos en unos años.

A todos nos han programado para tener o no tener dinero, a veces de forma verbal, otras con demostraciones.

Si viste cómo tus padres sufrían por él, pudiste suponer que el tenerlo era la razón de sus problemas, pero si observaste como eran felices con él, buscaste cómo obtenerlo para también gozarlo.

Cómo te comenté anteriormente, provengo de una familia de comerciantes, como resultado siempre podíamos tomarnos vacaciones en los mejores lugares y en general disfrutar del dinero, por eso he buscado cómo obtenerlo y me hace feliz el poseerlo, pero, ¿qué hubiese sucedido si mis padres demostraran que sufrían por el dinero? Probablemente ahora diría que no es importante.

Los profesores también han influido. Ellos nos han compartido sus ideas respecto al dinero. Si consideraban que era difícil ganarlo, crecimos con ese pensamiento y nos podría resultar complicado obtenerlo, en cambio, si afirmaban lo contrario, pudimos buscar diversas formas de atraerlo a nuestras vidas.

Como puedes darte cuenta, no solo lo que escuchamos de niños es importante, también lo que vimos lo es. Ten en cuenta esto: **nuestro cerebro aprende por los cinco sentidos, por eso si deseas fijar algo en él, debes involucrarlos, es decir, si deseas reprogramarte para**

cambiar tu relación con el dinero, tienes que utilizar todos los sentidos.

Vamos a hacer un ejercicio ahora: imagina que eres feliz con el dinero, ¿Qué sientes? ¿Qué hueles? ¿Qué saboreas? ¿Qué ves? ¿Qué escuchas? A este se le denomina visualización y es más poderosa si usas los cinco sentidos.

La visualización es utilizada por los deportistas para mejorar sus jugadas, por ejemplo, hace tiempo trabajaba con un equipo de baloncesto, a todos los jugadores les pedía que se imaginaran corriendo, compartiendo pases de balón y encestándolo de forma extraordinaria. Como se hacían estos ejercicios antes de un juego, ellos mejoraban su desempeño en él. Por supuesto se utilizaban los cinco sentidos: se olían jugando —si, olían su sudor y el de los demás—, identificaban los sabores que tenían en sus bocas —obviamente, eran sus sabores, no los de los demás—, sentían cómo sus músculos se movían, escuchaban a los demás animándolos y se veían triunfando.

Esto también lo puedes hacer para la atracción de riqueza, recuerda que ya estás programado de una u otra forma, por eso tienes que reprogramarte hacia la obtención del dinero. Imagina que estás multiplicando tu dinero —evita visualizar que lo estás gastando, eso sería contraproducente—. ¿Qué sientes? ¿Qué hueles? ¿Qué saboreas? ¿Qué ves? ¿Qué escuchas?

Si haces esta práctica constantemente, lograrás grandes avances, ya que estarás asociando el dinero con la multiplicación del mismo. **Asociar es otra clave para reprogramar tu cerebro**.

¿Cómo te aprendes el nombre de aquella persona que acabas de conocer? Si es un nombre común, será más sencillo que lo recuerdes, ya que buscarás alguien que se llame igual, pero si es alguno que no hayas escuchado antes, te será más complicado. Por ejemplo, me acabas de conocer, me presento y te digo que me llamo Antonio, entonces sin darte cuenta comienzas a buscar en tu memoria alguien que se llame como yo, sucede que tu primo se llama igual, por lo que haces una asociación: «él se llama como mi primo». La próxima vez que me veas, tu cerebro, gracias a la asociación, te dará mi nombre.

Por eso Laura, la persona que te comentaba anteriormente, hizo una asociación negativa con el dinero, por lo que pensaba que «el dinero era la raíz de todos los males» y por eso lo alejaba de su vida.

Es lo que sucedía con el ya famoso perro del científico Iván Pávlov, después de mostrarle comida junto con el sonido de la campana, el perro salivaba cuando la escuchaba, aunque ya no hubiese comida. El perro había asociado el sonido de la campana con comida, por eso inconscientemente se preparaba para recibirla.

Sucede lo mismo con el dinero, muchas personas cuando escuchan esta palabra, en lugar de salivar, buscan cómo gastarlo para deshacerse de él y así librarse de todos sus males. Te recuerdo que esto ocurre, inconscientemente por las asociaciones que tenemos. En cambio, los millonarios ven dinero y su mente comienza a darles parámetros para multiplicarlo, porque asocian el dinero con abundancia.

Por eso te he recomendado la visualización, así comenzarás a asociar el dinero con la multiplicación. Por supuesto puedes hacer las visualizaciones que desees, cambiando la multiplicación por otras acciones.

Si de cualquier forma utilizarás la asociación, ¿por qué no usarla para tu beneficio? Otros ya nos han programado para que asociemos el dinero con infelicidad o miedo, de nosotros depende asociarlo con felicidad, seguridad y abundancia. Como puedes darte cuenta, **estás programado para ser pobre, sobrevivir o ser millonario, pero tú eliges qué estilo de vida deseas llevar**.

Pero no solo asociamos, también imitamos, ¡esto complica más nuestra existencia! No te asustes, también nos sirve para conseguir aquello que deseamos, te lo mostraré en unos momentos.

Para aprender, nuestro cerebro utiliza la imitación. Si en una misma habitación están dos bebés y uno de ellos comienza a llorar, lo más probable es que el otro también lo haga, esto se debe a la imitación. Por eso los niños de unos cinco años comienzan a vestirse como sus padres, ellos los imitan constantemente, conforme van creciendo, adoptan ciertos comportamientos que observan de todos los adultos.

Este tipo de imitación es una estrategia inconsciente (también existe otro tipo, que es consciente, de ella escribiré más adelante), por tanto, no te das cuenta cuando lo estás haciendo, si observas a dos adultos conversando, verás que en algún momento uno de ellos comienza a tener una postura semejante a la de su interlocutor. La imitación es la razón por la cual visitas algún lugar donde tengan otro tono de voz y regreses a tu lugar de origen con uno similar.

¡Entonces debes tener cuidado de con quién convives!

Si permaneces mucho tiempo con personas pesimistas, creerás que todo está en tu contra, en cambio, si convives con optimistas, buscarás cómo sacarle el provecho a cualquier situación que se te presente.

Debido a la imitación, te has programado para exigirte más, ser indiferente o conformarte con aquello que tienes.

Desde niño has estado con miles de personas, de las cuales has imitado sus comportamientos y pensamientos, por eso tienes que hacer un inventario de aspectos que no te agraden, para modificarlos. No debes buscar quién te dio esos comportamientos y pensamientos, no te sería útil, es mejor que descubras qué tienes que cambiar y lo hagas, es decir, no busques culpables, busca soluciones.

Por esto, a partir de este día, elige cuidadosamente a aquellas personas que te rodean, ya que ellas influirán para tu éxito o fracaso.

Te recomiendo también elegir a quién imitar, para mejorar tu forma de ser y actuar creando tu propia personalidad. Eso es lo que hace un adolescente, comienza imitando, para ir construyendo su propia forma de ser y actuar.

La presentadora de televisión estadounidense Oprah Winfrey, dijo en una conferencia en la universidad de Stanford, que en sus primeros años en los medios de comunicación, había imitado a la periodista Barbara Walters, pero años después se dio cuenta de que tenía que ser diferente a ella, con lo cual creó su propio estilo, ese que la ha hecho diferenciarse del resto.

¿A qué personas de éxito o millonarios deseas imitar? Haz un listado y comienza a conseguir videos de ellos, artículos que los describan, libros que indiquen su actuar, en fin, cualquier material que te acerque a su personalidad, para que imites aquellos rasgos útiles para lo que te has propuesto, creando posteriormente tu propia forma de ser y actuar.

Si le pides a un millonario una lista de personajes que lo han influido, sin problema alguno te daría al menos diez nombres, pero si le solicitas lo mismo a una persona con problemas económicos, difícilmente te podrá dar unos pocos. Esto se debe a que los primeros saben que pueden aprender de otros para siempre tener dinero, mientras los segundos suponen que otros deben resolver sus problemas económicos.

Thomas Alva Edison escribió en sus diarios que todos los días aprendía de políticos, historiadores, empresarios e innovadores, leer sobre ellos o conversar con ellos era parte de su rutina. Si investigas la vida de otros personajes importantes, descubrirás que hacían algo semejante, la razón es simple: **si otros ya consiguieron lo que deseaban, entonces podemos aprender su proceso para obtenerlo**.

¿Te das cuenta? Si deseas tener éxito, debes conocer su **proceso**, es decir, **cómo lo hizo**. La mayoría de las personas se pregunta por qué logró cierto resultado, pero esto no le dará información, tiene que darse cuenta de **cómo logró ese resultado**, así descubrirá qué pasos tiene que dar para conseguir el éxito. ¡Esta es la imitación consciente!

Si descubres qué hizo tal o cual personaje que admiras, entonces podrás reproducir sus pasos, así te ahorrarás tiempo, dinero y esfuerzo. Por eso los millonarios admiran a otros, sin saberlo, están imitando su actuar conscientemente, creando su propia metodología del éxito.

La imitación consciente e inconsciente te ayudará a reprogramarte para atraer la riqueza, pero también te llevará al fracaso si eliges inadecuadamente a las personas que te rodean o con las que convives a diario.

ADOPTA UNA ACTITUD DE ÉXITO

Si la oportunidad no llama a la puerta,
construye una puerta.

Milton Berle

Como ya te habrás dado cuenta, todas aquellas personas que han alcanzado el éxito, tienen un modo de actuar y de pensar diferente al resto, esa es una característica que los distingue.

Nunca verás a un millonario comportándose como una víctima, él siempre buscará cómo lograr aquello que se ha propuesto y dejará de lamentarse, en cambio, existen millones de personas que adoptan una actitud de derrota, incluso antes de comenzar una batalla. Todas las personas que están generando riqueza saben que tienen que hacer algo y nunca esperar.

Si deseas tener éxito en lo que te propongas, debes evitar actuar como una víctima, aunque consideres que lo eres, busca cómo salir de esa condición, solo así avanzarás, de lo contrario, siempre estarás esperando que alguien resuelva tus problemas.

Cuando te das cuenta de que nadie vendrá en tu ayuda tienes dos opciones:

1. Abandonar toda esperanza para tener éxito.

2. Aprender cómo conseguir el éxito.

Créeme, no hay una tercera opción, o consigues el éxito o te dejas caer desesperanzado.

Nick Vujicic nació sin brazos y sin piernas, solo con una pequeña protuberancia en forma de pie, de donde emergen dos dedos en su muslo izquierdo. Él narra en su libro autobiográfico, «una vida sin límites», que en su niñez se dormía deseando que a la mañana siguiente aparecieran sus brazos, manos, piernas y pies, pero por supuesto eso nunca sucedió. Intentó suicidarse al darse cuenta de que nunca sería una persona como todos, pero entonces tuvo una epifanía, se dio cuenta de que no podía contar con nadie más que con él mismo. Además, debía aprender a ejecutar las tareas diarias con su cuerpo, independientemente de cómo estuviera constituido. Entonces comenzó a dejar de ser una carga familiar para convertirse en un ser independiente y exitoso.

Actualmente Nick es orador motivacional, ha actuado en un cortometraje cinematográfico, se ha lanzado de un avión en paracaídas, surfeado en decenas de playas, dominado el arte de andar en patinete y ha viajado por todo el mundo.

Solo hasta que comenzó a utilizar sus recursos, sin esperar a tener otros que se le habían negado, comenzó a tener éxito. Nick menciona al respecto: «Si piensas: "No puedo hacer esto y no puedo hacer aquello, uno se termina concentrando en las cosas que desearías tener o las cosas que desearías no tener. Y se te olvida lo que ya tienes"».

Él contaba con su cuerpo, con esas características tan peculiares y debía utilizarlo al máximo. Por supuesto fueron horas de entrenamiento, cientos de horas de fracasos, pero ellas lo acercaron al éxito. Solo cuando tuvo una actitud diferente, obtuvo resultados.

El ex militar colombiano Reinaldo Torres quedó ciego después de un enfrentamiento con la guerrilla de su país, después de un proceso de rehabilitación y serios problemas familiares, refiere que deseaba morir porque ya no podría hacer una vida normal y mucho menos ejecutar aquellas cosas que tenía pendientes. Antes de quedarse ciego —a la edad de 24 años—, había sido un joven social, con gran energía y con muchas metas para el futuro.

Pensó un par de veces en suicidarse, pero un día una fisioterapeuta lo obligó a hacer ejercicio en una caminadora, ahí se dio cuenta de que se había convertido en un obstáculo para él mismo, era necesario cambiar su actitud. A partir de ese día lo hizo.

Al poco tiempo ya era parte de un grupo de atletismo para personas con alguna dificultad física. Después de ejercitarse, corrió en las maratones de Bogotá, Medellín, Cali, Manizales, Villavicencio, Bucaramanga y Nueva York, entre el 2006 y 2009. Su próximo desafío fue dedicarse al montañismo, deporte que ahora practica con gran éxito. ¿Su próximo reto? Escalar el Kilimanjaro.

Hace tiempo descubrí que todas las personas, de éxito o fracasadas, elegían tener una de tres actitudes, eso era determinante para obtener lo que deseaban o dejarse vencer. Estas tres formas de encarar la vida son:

- Actitud de inferioridad.
- Actitud de indiferencia.
- Actitud de superioridad.

Nick y Reinaldo, tal como otras personas, eligieron la actitud de superioridad, los millonarios hacen lo mismo, para ellos no hay límites, por eso se enfocan a conseguir lo que desean.

En cambio, aquellos seres que eligen la actitud de inferioridad, siempre se quejan de la situación, optan por no hacer nada y esperar a que algo suceda para cambiar su «destino». Nick comenzó en ella, pero se dio cuenta de que si seguía así, nunca sería autosuficiente y mucho menos tendría éxito.

Otros eligen la actitud de indiferencia, en la que no les importa si alcanzan o no sus metas, solo se conforman con tener algo «seguro», lo demás no tiene importancia. Reinaldo pudo haberse escudado en esta actitud, pero prefirió conseguir aquello que muchos afirmarían que estaba negado para él —adoptando una actitud de superioridad.

Como puedes darte cuenta, son pocos los que poseen una actitud de superioridad, pero millones que invisten una actitud de inferioridad o de indiferencia. Estas últimas te llevarán al fracaso, la primera te dará el triunfo.

¿Cómo puedes poseer una actitud de superioridad? Aunque existen varias opciones para tenerla, solo me voy a centrar en una de ellas: debes **imponerte desafíos**.

Tanto Nick como Reinaldo se dieron cuenta de que debían imponérselos, solo así dejarían atrás su condición de «incapacidad», solo aquellos que los tienen pueden seguir adelante, los demás se conformarán con lo poco que obtengan.

Si careces de desafíos, la tristeza te invadirá e incluso la depresión llegará a tu vida, en cambio, si te impones retos, tu mente te mantendrá siempre activo, buscando cómo resolver los problemas que conllevan. Por eso tienes que imponerte desafíos, así saldrás de esa zona de comodidad.

En mi caso siempre estoy buscando hacer algo diferente, cuando descubrí que algunos ganaban dinero en Internet, comencé a investigar cómo podía hacerlo también y aunque nunca he tomado una clase de informática, rápidamente dominé esa actividad. Por supuesto tuve que marcarme un plan: le dedicaba cierto número de horas a navegar para entender el funcionamiento de la red, observaba qué hacían otros vendedores y leía diversos textos sobre el tema. Así me convertí en experto, aunque no por ello he dejado de investigar, observar y leer sobre ese tópico.

Es lo mismo que hacen otros. Cuando alguien se propone aprender un idioma nuevo, tiene que inscribirse en una escuela o buscar a alguien que le enseñe, debe investigar y leer sobre su historia y métodos para aprenderlo rápidamente.

Todo desafío te lleva a movilizar tus recursos, dejando atrás tu zona de confort, o mejor aún, tu actitud de inferioridad o indiferencia. Por eso te recomiendo que te impongas uno.

Los individuos con actitud de superioridad reconocen que el objetivo de la vida es aprender constantemente, además de crear productos o servicios únicos que ayuden a otros.

Si observas a un niño pequeño, constantemente está aprendiendo, es algo que forma parte de nuestras estrategias de sobrevivencia, pero son los adultos quienes le van eliminando ese deseo por saber más. El niño siempre está cuestionando, intentando descubrir el **porqué**, el **cómo** y el **para qué**, pero conforme va creciendo se va encontrando más obstáculos para responder esas preguntas y menos interesados en revelarle sus secretos, por eso va olvidando esta extraordinaria herramienta de aprendizaje.

Las personas exitosas siguen preguntándose y cuestionando a los demás, así siguen aprendiendo y mejorando sus habilidades, eso es lo que tú también debes hacer.

Thomas Alva Edison, al igual que otros empresarios e innovadores, se definía como un individuo sumamente curioso, por eso patentó un millar de innovaciones. Él solía preguntarse constantemente **«¿para qué me sirve?»**, encontrando decenas de aplicaciones nuevas de todo lo que encontraba a su paso.

Esta simple pregunta tiene un gran poder, yo la he usado desde que supe que Edison la prefería y me ha ayudado a descubrir muchas oportunidades de negocio, por ejemplo, en una ocasión fui a una tienda de todo por un precio (de menos de un euro) y vi un centenar de discos compactos de un software para niños que les enseñaba el idioma inglés, de inmediato me hice esa pregunta, «¿para qué me sirve?», descubriendo que podía venderlos en modalidad de subasta en una comunidad de ventas en Internet, de inmediato fui por mi cámara fotográfica, hice varias tomas de ellos y las publiqué junto con una lista de beneficios que obtendrían los compradores al adquirirlos, de inmediato las pujas comenzaron a llegar, alcanzando un precio diez veces más alto que el valor de la tienda. Vendí cientos de estos materiales, no solo de ese comercio, sino de sus sucursales. Por cierto, no invertí ningún euro, ya que con el dinero del cliente, iba a comprar los discos compactos y se los enviaba.

Si cuestionarte todo te ayuda a aprender, preguntarte **«¿para qué me sirve?»** te ayudará a descubrir cientos de oportunidades de negocio.

No solo Edison valoraba el poder de la curiosidad, Albert Einstein dijo atinadamente: «no tengo talentos especiales, pero sí soy profundamente curioso», por ello logró pensar de una forma tal, que resolvió decenas de problemas complejos. El empresario estadounidense Henry Ford también era curioso, lo que le permitió crear un imperio automotriz. De igual forma, su competidor japonés, Soichiro Honda —fundador de la multinacional Honda Motors—, utilizó esa cualidad para aprender y crear.

Por eso te recomiendo que tú también lo seas, así podrás aprender y desarrollar muchas habilidades, además de tener una actitud de superioridad ante las adversidades. Con estas diseñarás una nueva vida, una empresa y riqueza.

Tener esa actitud de superioridad que te ayudará a tener éxito, tiene que ver con tu psicología profunda, con aquellos mecanismos que te defienden de las supuestas amenazas externas.

A diario, las exigencias de la familia, escuela, amigos y la sociedad en general, provocan cierta ansiedad en los individuos, para evitarla, utilizamos ciertos mecanismos para defendernos de esas demandas. Son llamadas mecanismos de defensa por el psicoanálisis.

Estos mecanismos de defensa son estrategias psicológicas del inconsciente, para hacer frente a la realidad y mantener una imagen adecuada de nosotros mismos, todos las utilizamos, pero se convierten en mecanismos patológicos cuando su uso constante conduce a un comportamiento inadecuado por el cual nuestra salud mental se ve afectada desfavorablemente.

Aunque el propósito de los mecanismos de defensa es proteger a la mente de la ansiedad e incluso de las sanciones sociales, muchas personas se refugian en ellos para no hacer frente a su realidad.

Los mecanismos de defensa, en la atracción de riqueza, impiden el avance del individuo y la consecución de sus metas mediante justificaciones sin sentido para evitar hacer frente a los problemas reales.

Por ejemplo, cuando una persona afirma que cuando comenzó a vivir con su pareja todo cambió para mal, no es que sea cierto, sino que está intentando regresar a una época donde todo era perfecto; ante la incapacidad de tomar el control de su vida, no solo regresa, sino que también busca un culpable (en este caso, su pareja).

Así funcionan los mecanismos de defensa, evitan hacernos responsables y, por tanto, encontrar cuál fue el real problema por el que ahora estamos sufriendo.

Aunque el psicoanálisis lista muchos de ellos, yo he descubierto que son solo algunos los que tienen estrecha relación con la incapacidad para atraer riqueza:

- **Proyección**. La persona proyecta sus sentimientos o ideas en otro, evitando la responsabilidad. Por ejemplo: «Mi padre no me enseñó a ganar dinero».

- **Negación**. El sujeto hace a un lado lo obvio fingiendo que no existe, excusando su actuar. Por ejemplo: «Es una mala racha, ya pasará», «la crisis es la responsable de mis problemas económicos».

- **Regresión**. Regresar a una etapa anterior, al pasado, a un nivel mental más infantil donde no se tenían problemas. Por ejemplo: «Antes de casarme me iba estupendo».

- **Desplazamiento**. La persona se disocia de su pensamiento buscando a otro suceso o persona para echarle la culpa de lo que le sucede. Por ejemplo: «El pobre es feliz, el rico se preocupa mucho».

- **Racionalización**. Es la sustitución de una razón inaceptable pero real, por otra aceptable. Por ejemplo: «No tengo dinero porque hay una crisis mundial».

Para comenzar a tener el control sobre nuestras emociones, comportamientos, pensamientos y experiencias, debemos conocer qué mecanismos de defensa aparecen y en qué momentos, para tomar consciencia de ellos y posteriormente evitarlos, confrontando la realidad por más difícil que parezca.

Si no nos responsabilizamos, nunca tomaremos el control de nuestra vida, ya que dejaremos que estos mecanismos la tomen por nosotros, haciéndonos irresponsables y temerosos, tal como lo afirma esta persona, que escribe en un blog[3] que recoge historias de cientos que se denominan «nuevos pobres»:

> Tengo 44 años y me siento un nuevo pobre, después de una vida de duro trabajo desempeñando mi profesión, me encuentro ahora con un sueldo miserable y con una familia para tirar adelante. Siento que mi nueva empresa se está aprovechando de mi experiencia y siento que nuestros políticos nos han vendido. A pesar de todo, me siento privilegiado porque compañeros míos de profesión están en una situación todavía peor. Deseo que las nuevas generaciones puedan disfrutar de una sociedad más justa y que consigan cambiar todas las injusticias y toda esta competitividad sin sentido, que nos ha llevado al fracaso.

Como puedes darte cuenta, él menciona que «su nueva empresa se está aprovechando de su experiencia»,

[3] https://elsnouspobres.wordpress.com/.

proyectando su incapacidad para crear riqueza en otros que sí han demostrado cómo crearla y atraerla, además menciona que «sus compañeros están mucho peor», dejando que la racionalización le ayudé a no sentirse impotente, al fin y al cabo, hay otros en peores circunstancias.

También afirma que los políticos tienen la culpa y que espera que la nueva generación tenga mejores oportunidades, con lo que deja ver cómo la proyección actúa.

¿Qué mecanismos de defensa están actuando en ti y están haciendo que tengas una actitud de inferioridad o de indiferencia? ¿Qué vas a hacer a partir de este día para controlarlas?

DISEÑA TUS METAS

*Siempre que te pregunten si puedes hacer un
trabajo, contesta que sí y ponte enseguida
a aprender cómo se hace.*

Franklin Delano Roosevelt

Para lograr aquello que deseas, tienes que responder a tres preguntas clave:

1. ¿De dónde estás partiendo?

2. ¿Dónde quieres estar?

3. ¿Cómo sabrás que has llegado allí?

Si no conoces de dónde estás partiendo no sabrás hacia dónde dirigirte, así de simple, por eso tienes que contestar esta pregunta honestamente.

Imagina que te llevan con los ojos cubiertos a un sitio que no conoces, te dejan allí con la instrucción de encontrar el camino de regreso, ¿qué harías primero? Supongo que tratar de identificar ciertos elementos del lugar, para saber dónde estás, si te encuentras en un bosque, tratarás de encontrar un lugar elevado, para observar mejor, si estás en la ciudad, buscarás el nombre de la calle en la que te encuentras, preguntarás por la zona e intentarás obtener la mayor información posible de sus habitantes. ¡Es lo mismo cuando diseñas tus metas! Si no sabes de dónde estás partiendo, no sabrás qué hacer.

¿De dónde estás partiendo en este momento? ¿Tienes conocimientos sobre lo que intentas conseguir? ¿Qué sabes al respecto? Cuando tuve mi quiebra financiera, allá en 1995, no sabía nada de dirigir una empresa, pero contraté a varias personas que trabajaran conmigo, ese fue mi primer error, tampoco sabía ni lo más mínimo sobre publicidad o estudios de mercado, segundo gran error, pero tal vez mi peor error fue suponer que el optimismo me daría dinero.

No sabía nada sobre negocios, creación de empresas, recursos humanos, ventas, psicología del consumidor y demás temas relacionados con el éxito empresarial, por eso fracasé rotundamente, no fue la crisis, tampoco mi reciente matrimonio, fue mi desconocimiento sobre esos temas, es decir, **nunca supe de dónde estaba partiendo**.

Si hubiese tomado en cuenta ese desconocimiento, primero tendría que haberme capacitado en esos tópicos, después crear mi empresa, pero era tal mi soberbia que me impidió ver más allá, cegándome el éxito que aún no tenía.

Por supuesto tampoco sabía **dónde quería estar**, solo suponía que debía ganar dinero, pero desconocía para qué y qué haría con él cuando lo tuviera, por tanto, las ganancias llegaban, pero se iban rápidamente en cosas inservibles.

Al desconocer estos dos tópicos, realmente no tenía una meta, simplemente vivía el momento, sin importar qué pasara. Al no tenerla, tampoco diseñé un plan de emergencia en caso de que no funcionara, por eso tuve una gran quiebra económica.

Millones de personas están viviendo algo semejante, cuando no se responden esas dos preguntas, vamos por la vida sin rumbo, esperando que algo «mágico» suceda. Este es el testimonio de una mujer, del blog anteriormente mencionado[4]:

> Tengo 25 años y he pasado de ser una privilegiada a ser una nueva pobre. Empecé a trabajar con 17 años, siempre en trabajos poco cualificados, ganando más de lo que debe ganar un arquitecto en 2012. Estudiaba y trabajaba, me compré un coche que ahora apenas puedo mantener y pude emanciparme a los 18 años. En 2009 dejé el último trabajo harta de ver como la gente que tuvo la suerte de tener un contrato fijo en los 80, cobra tres veces más por hacer tres veces menos. Pensé que habría un sitio mejor para mis habilidades, evidentemente me equivoqué. Ahora mismo estoy desesperada, me considero una persona empobrecida personalmente, es muy frustrante que no haya una oportunidad que te permita realizarte.

¿Cuál sería la meta de esta persona cuando comenzó a trabajar? Simplemente ganar dinero, el que fuera, **al no contemplar dónde quería estar, no consideró cuánto debía ganar**. Esto es algo que siempre he recomendado: **si no sabes cuánto quieres ganar, nunca podrás alcanzar tu independencia financiera, pues cualquier persona podrá poner un precio a tu tiempo y esfuerzo** (en otro capítulo te enseñaré una fórmula para conocer cuánto debes cobrar por una hora de tu tiempo).

Esta persona solo buscaba un lugar que le pagara por sus horas, pero no tenía idea de cuánto tenían que pagarle, es decir, no sabía **de dónde partía**, mucho menos **dónde deseaba estar**. Los millonarios, en cambio, se han puesto una meta económica, la que buscan alcanzar

---

[4] https://elsnouspobres.wordpress.com/.

en determinado tiempo, con este primer punto claro, saben que lo siguiente es buscar una actividad que les genere esa cantidad de dinero.

Es el procedimiento que siguió el inglés Alex Tew, un joven que en el 2005 creó una página de Internet que llamó «The Million dollar homepage». Alex estaba a punto de empezar la universidad e hizo cuentas de cuánto necesitaba, como él sabía que muchos estudiantes terminaban la carrera con deudas, decidió generar los suficientes fondos para cubrir los gastos de sus estudios utilizando el poder de Internet.

Después de unas horas destinadas a pensar cómo lograr un millón de dólares (que era lo que necesitaba, según sus cálculos), decidió que crearía una página con un millón de píxeles, que vendería en un dólar cada uno, ofreciéndolos a empresas y administradores de otras páginas Web. El mínimo número de píxeles que se podían comprar eran 10, es decir 10 dólares. Lo que ofrecía era simple, cuando la empresa compraba esos píxeles, el visitante, al hacer clic en los píxeles comprados, era dirigido directamente a la Web del comprador. Alex logró vender todos en seis meses, obteniendo más de un millón de dólares.

¿Por qué tuvo éxito la idea de Alex Tew? Simple, **sabía de dónde estaba partiendo y dónde quería estar**.

Cuando puso a la venta sus píxeles, los vendió a su familia y amigos, con lo que consiguió algo de dinero, entonces lo invirtió en publicidad, además de enviar su reto a los principales periódicos, quienes le hicieron varias entrevistas, que dispararon sus ventas. Cuando la página comenzó a ser visitada por millones de personas, el éxito estaba asegurado, ya que esto atrajo la atención de empresas que vieron la oportunidad de mostrar su Web y productos en un sitio con un gran tráfico.

Al saber lo que no tenía y qué deseaba, su mente trabajó mejor, ya que le otorgó una idea simple pero poderosa.

Eso es lo que te propongo, que seas específico para darte cuenta de **dónde estás partiendo y dónde deseas estar**. La mayoría de personas piensa de forma general, por lo que tiene serios problemas, como los que tuve en su momento, pero si cambia su forma de pensar por una más específica, logrará un gran triunfo.

Entonces, lo que tienes que hacer es, tal como propongo en mi libro «7 Secretos para ser millonario», **definir qué significa para ti ser millonario y después convencerte que puedes serlo**.

Responde: **¿Qué significa para ti ser millonario?**

¿Significa un mejor estilo de vida? ¿Menos preocupaciones? ¿Más poder adquisitivo? ¿Qué significa para ti ser millonario? No hay una respuesta válida, pues es tu definición, es aquello que supones válido, solo te recomiendo que no lo definas como un estado de intranquilidad, tristeza o cualquier estado negativo que ya hemos trabajado con anterioridad.

Si supones que **ser millonario es algo positivo, buscarás cómo comportarte, pensar y actuar para conseguirlo**, pero si tu mente supone que ser millonario será un peligro para ti, lo evitará a toda costa. Primero define y después **convéncete que puedes serlo**.

Si te convences, tu actitud cambiará, entonces te sentirás con más energía y las ideas llegarán, en cambio, si supones que no puedes lograrlo, el desánimo te invadirá.

¿Por qué crees que millones de personas no logran tener el dinero suficiente? Porque no están convencidos de que puedan conseguirlo. Todos los millonarios que he entrevistado saben que pueden conseguir mucho dinero, por eso no se preocupan si la situación económica es buena o mala, ellos siempre buscarán la forma de seguir produciendo dinero, en cambio, los pobres, se quejan de la situación actual, con lo que se condicionan a ganar muy poco dinero a cambio de su trabajo.

Los millonarios, al estar convencidos que pueden atraer riqueza fácilmente, buscan soluciones, los analfabetos financieros, se quejan de la situación económica, de sus malas decisiones y los problemas personales.

No solo te convenzas de que puedes ser millonario, sino que debes establecer **como principal objetivo SERLO**. Si lo haces, no habrá poder humano que te detenga.

Hace poco escribía una reflexión a mis seguidores de las redes sociales, que fue muy comentada y compartida: **«Sé implacable con aquello que te has propuesto, persíguelo como si no tuvieses otra opción y nunca te conformes».**

Eso es lo que te propongo a partir de este día, que **te propongas algo y lo persigas como si no tuvieras otra opción**. Imagina que no tienes otra elección, solo ser millonario, ¿qué harías? Supongo que comportarte como tal, buscar opciones, oportunidades de negocio, leer sobre cómo conseguir más dinero, investigar sobre millonarios, entrevistarte con ellos y más acciones que te acercarían a tener todo el dinero que necesitas.

Para tener éxito en esto que te propongo, debes saber exactamente cuánto deseas tener y en cuánto tiempo. Escribe una cifra, no la que supongas que puedes ganar, sino una que creas que no podrías tener, te propongo esto porque tienes que esforzarte por conseguir más de lo que sueñas, ¡tienes que ir más allá de tus límites!

¿Qué pensamientos llegaron cuando la escribiste? ¿Tuviste miedo? ¿Tus voces internas te indicaron que no podrías conseguirlo? Eso que ocurrió es lo que tendrás que vencer para conseguir aquello que deseas.

Como te has dado cuenta, debes pensar a largo plazo y reflexionar sobre tu vida para construir un plan que te lleve a conseguir las metas que te has propuesto. Estas son algunas preguntas que te ayudarán a analizar tu vida:

- ¿Qué te gustaría aprender?

- ¿Qué habilidades te agradaría tener?

- ¿Qué rasgos de tu carácter te gustaría mejorar?

- ¿Quiénes deseas que sean tus amigos?

- ¿Qué puedes hacer para mejorar tu estado físico?

- ¿Qué puedes hacer para sentirte mejor espiritualmente?

Ese análisis, como puedes darte cuenta, debe ser integral, ya que, por ejemplo, si descuidas tu estado de salud, dedicarás mucho tiempo para recuperar lo perdido, por tanto, no podrás llevar a cabo tus metas.

Mientras vas respondiendo a estas cuestiones tu mente te irá mostrando algunos caminos, ya que buscará soluciones para alcanzar tus metas, recuerda que es mejor hacerse preguntas, ya que nuestro cerebro trabaja a base de preguntas y no de afirmaciones.

Otras preguntas que te ayudarán para ese fin:

- ¿Qué ingresos anuales deseas tener?

- ¿Cuándo quieres jubilarte?

- ¿Cuánto deseas tener en una cuenta de banco?

- ¿Cuánto quieres gastar en viajes o en compras?

- ¿Qué clase de inversiones te gustaría hacer?

- ¿Cómo te gustaría ser conocido dentro de tu profesión?

- ¿Qué tipo de casa deseas?

Tal vez ya te hayas dado cuenta de que estas preguntas te ayudarán a visualizar, y tal como te he mencionado, esa es una estrategia poderosa e indispensable para trazarte cualquier meta.

No escuches a tus voces internas afirmando que «no se puede», cállalas de inmediato y visualiza todo como si ya lo tuvieses, entonces tu mente te mostrará formas para alcanzar aquello que te propongas.

PARA TENER ÉXITO, DEBES INSTALAR NUEVAS CREENCIAS

El sabio puede sentarse en un hormiguero,
pero solo el necio se queda sentado en él.
Proverbio chino

Suponer que un ser divino te dará riqueza o pobreza es algo absurdo, pero esa suposición está llevando al fracaso a millones de personas, ¡esa es la mejor muestra de que una creencia te ayudará o hundirá!

Los millonarios, cuando han instalado una creencia tan arraigada, han logrado aquello que se han propuesto, ¡ese es su principal secreto! Solo cuando te convences de que puedes lograr algo, nada te podrá detener, pero si supones lo contrario, todo estará en tu contra.

El comediante estadounidense Groucho Marx afirmó algo que es digno de analizar: «No estoy seguro de cómo me convertí en comediante o actor cómico. Tal vez no lo sea. En cualquier caso me he ganado la vida muy bien durante una serie de años haciéndome pasar por uno de ellos», ¿qué nos enseña este comediante? ¡Que cualquier persona podría ser un comediante si lo creyera!

Si te haces pasar como un comediante, llegará el momento en que lo seas, solo cuando actúas cómo si fueras uno de ellos, comienzas a aprender más, a darte cuenta de qué debes mejorar y cómo ser el mejor de ellos.

Este es el correcto uso del cerebro reptil y límbico: si deseas que algo suceda, **actúa como si...** Esta es una estrategia que te recomiendo en mis seminarios y libros, si quieres ser un gran cocinero, actúa como si fueras un cocinero, en algún momento te lo creerás y entonces no habrá freno que te detenga.

Esto funciona en todas las áreas. Karl Wallenda era un equilibrista alemán que hacía un acto circense donde caminaba en una cuerda floja a gran altura sin ninguna red de protección, antes de cada acto, dedicaba varios minutos a visualizar cómo el acto salía a la perfección, pero el día del accidente causante de su muerte, le dijo a su esposa que se visualizaba cayendo, lo cual ocurrió. ¡Así funciona el como si...!

Wallenda se convencía mentalmente que podía realizar el acto, se veía a sí mismo realizándolo, persuadiéndose que era sencillo, entonces lo realizaba sin problemas porque ya lo había ejecutado en su mente —lo había visualizado, tal como te he mencionado—, es lo que te propongo, que actúes como si, para que practiques una y otra vez antes de ejecutarlo.

Para muchos podría parecer un engaño, ¡y lo es! Es lo que llaman una «mentira piadosa», que a nadie afecta, pero nos puede ser útil para nuestros fines. Es decir, comienzas engañándote, pero terminarás creyéndolo. Eso sucedió cuando alguien te dijo que el dinero solo causaba problemas, comenzaste a actuar como si causara problemas y entonces te diste cuenta de que tenía razón.

Si cuando eras niño escuchaste a tus padres pelear por el dinero, en tu mente comenzó a gestarse que el dinero era el problema, como ellos son una figura de autoridad y no podías cuestionar su actuar, supusiste que el dinero tenía que ser el que generaba los inconvenientes, pero si lo analizas fríamente, eran tus padres los que no sabían cómo administrar el dinero o ganar más.

Ahora es momento de que analices todas esas creencias que te han hecho pensar de una u otra forma respecto al dinero, para encontrar dónde está el problema y comiences a deshacer esas creencias limitantes respecto a la riqueza.

Cuando eras niño, ¿qué escuchaste acerca de la riqueza? ¿Qué decían tus padres sobre ella? ¿Qué decían tus profesores? ¿Qué decían tus amigos? ¿Peleaban tus padres por el dinero? ¿Festejaban cuando llegaba? ¿Lo gastaban inmediatamente cuando ingresaba o lo invertían?

¿Te das cuenta? Todo lo que supones acerca del dinero alguien te lo sugirió o instaló, por eso ahora tienes problemas para adquirirlo o conservarlo. Tu cerebro reptil y límbico se ha estimulado con creencias de otros, creando unas sugestiones híbridas, tan peligrosas que te están llevando a la pobreza.

Si no haces uso de tu neocorteza y analizas tu pasado, pronto la pobreza tocará a tu puerta y no tendrás las armas para rechazarla. ¡Por eso te sugiero que analices constantemente tu vida! Solo así podrás construir nuevas creencias, que te acercarán a la riqueza.

¿De cuáles creencias debes alejarte? Existen miles, pero estas son algunas que mis asistentes a seminarios y lectores de libros me han compartido:

- El dinero no alcanza para nada.
- Hay que ahorrar.
- El dinero no crece en los árboles.

- Pobre pero honrado.

- Hay que trabajar mucho para tener dinero.

- Hay que partirse el «lomo» para tener dinero.

- El dinero es sucio.

- Los ricos no van al cielo.

¿Te das cuenta dónde está el problema? Al repetirte estas creencias, tu cerebro comienza a suponer que son ciertas, entonces la riqueza se aleja, debido a que tu cerebro busca qué hacer para alejarla, ¡porque tu cerebro evolucionó para protegerte de los peligros!

Es muy probable que escucharas las anteriores afirmaciones en tu infancia y las creyeras sin dudar, y si las dijo una figura de autoridad, supusiste que eran ciertas (tu padre no podía estar equivocado al afirmar eso). Una exitosa profesional, que llamaré Mónica, me compartió al respecto:

> Escuché muchas falsas creencias respecto a la riqueza por parte de mis padres. Estos pensamientos se archivaron en mi cabeza para luego salir en cualquier oportunidad, entonces mi avance se frenaba de golpe. Yo no entendía por qué. Hasta que verifiqué mis pensamientos, me di cuenta de que tenía muchas creencias negativas respecto al dinero («el rico es malo, el pobre tiene un buen corazón», por ejemplo). Sigo analizando mi vida y encontrando muchas frases que me detenían, es un trabajo arduo, pero ya estoy viendo resultados, ahora nada me detiene.

Por eso es importante que te des cuenta de todas aquellas afirmaciones que están impidiendo tu avance, así como todas las experiencias que has asociado con riqueza o pobreza.

También analiza tu presente, en este aquí y ahora... ¿Con quién pasas tu tiempo? ¿Qué opina sobre la riqueza? ¿Qué estás aprendiendo con esta persona? ¿Aprendes sobre riqueza o pobreza? ¿Esta persona (o personas) tiene retos o se conforma con lo que tiene? ¿Por qué afirmas esto?

Analizar tu pasado y presente te dará la oportunidad de saber en dónde estás y qué tienes que hacer para mejorar. Si tuviste un pasado lleno de creencias negativas respecto al dinero, comienza a cambiar esas creencias, investiga si son reales o no y qué puedes hacer para ser millonario. Si tu presente está lleno de creencias de pobreza, ¡sepárate de las personas pobres! Es lo que hacen los millonarios, si alguien los está deteniendo, simplemente lo hacen a un lado. Solo los masoquistas prefieren seguir al lado de personas negativas.

Un millonario que ha tomado mis seminarios y leído mis libros me comentó que había dejado atrás a tantas personas negativas que había perdido la cuenta, pero ¡había logrado más riqueza! Él no es un ermitaño, al contrario, tiene muchos amigos, pero ellos también son millonarios o en proceso de serlo, al reunirse, aprenden más y corrigen las posibles creencias erróneas que podrían tener, es una especie de grupo de apoyo para la riqueza.

Si estamos condenados a ser sociales, ¿por qué no escoger solo a los mejores para reunirnos con ellos? Eso deberíamos hacer todos los días. Selecciona a tus amigos y verás pronto la riqueza llegar. ¿A quién permitirías estar cerca de ti?

Esta es una creencia que debes eliminar: **buscar alguien que te ofrezca seguridad**. Esta sugestión ha sido instalada desde hace cientos de años en las personas, por eso tenemos que analizar otra de nuestras épocas históricas.

El Medievo se caracteriza por ser una época de transición económica, social, política, cultural e ideológica. En la edad media, los reyes, los nobles y la iglesia católica son los protagonistas, aunque para finalizar esta época son los comerciantes los que toman el control económico y social.

El feudalismo, como organización política, social y económica, es para muchos el icono de la edad media. El feudo consistía en cierto terreno que administraba un noble (señor feudal) que era leal al rey, este conseguía siervos que trabajaran en los cultivos y la ganadería, los cuales tenían como misión exclusivamente laborar en esas actividades para mantener a los combatientes y al grupo del señor feudal, es decir, su familia, el rey y la iglesia.

Como era una época de mucha inseguridad y continuas guerras, muchos pobladores optaron por buscar un patrocinio, es decir, la protección de un señor feudal. A cambio de la seguridad, ofrecían prestar sus servicios como siervos y además se declaraban «hombres de ese señor», eso los convertía en individuos de su propiedad.

El siervo estaba seguro dentro del feudo, ya que los combatientes (la segunda clase social) y el señor feudal los protegían dentro de su territorio. Aunque no eran esclavos, no eran libres, pues su condición servil les impedía abandonarlo y les obligaba a trabajar junto con sus familias por generaciones enteras.

El señor feudal constantemente hacía alianzas con otros señores feudales y con sus vasallos para asegurar la paz en su territorio, vivía en un castillo dentro de una fortaleza, mientras sus siervos muchas veces vivían en situaciones infrahumanas, sobreviviendo con lo básico, ya que le entregaban gran parte de lo obtenido como «arriendo».

En aquella época los trabajadores buscaban seguridad personal cambiando el fruto de su trabajo por ella (y su libertad), en la actualidad eso permanece igual, millones de personas cambian su libertad por seguridad financiera, es decir, **un empleo «seguro»**.

Conozco personas que ganan cinco euros la hora, trabajan más de ocho horas diarias y llegan a su casa hartos de su situación, solo para descansar unas cuantas horas y continuar el ciclo, es decir, son siervos de un señor feudal de la actualidad.

El señor feudal no era un sujeto que no hacía nada, él tenía que hacer muchas alianzas, casar a sus vástagos con los hijos de otros señores para asegurar la seguridad de sus territorios y cumplir con el rey e iglesia, los siervos no se preocupaban por ello. Algo semejante pasa ahora, cientos de empleados no desean complicarse la existencia montando una empresa, es mejor recibir una paga «segura» que buscar cómo obtenerla. El señor feudal, como el empresario actual, tenía ideas que otros ejecutaban.

Mi comparación del señor feudal con el empresario es muy drástica, pero justa, si yo hubiera nacido en la edad media hubiese preferido ser noble a ser siervo, ahora prefiero ser empresario que empleado.

En la edad media, las grandes ciudades concentraban el comercio. Los comerciantes buscaban intercambiar productos con otros países para venderlos en el suyo, en esta época nace la importación y exportación, actividad que les arroja grandes ganancias. Las consecuencias del comercio llevan a:

- Que se utilice una moneda.

- Que los comerciantes se conviertan en banqueros (un gran avance económico para ellos).

- Que surja el crédito (un gran invento que les aporta ganancias hasta la fecha a unos cuantos).

Los banqueros se dedicaron a prestar dinero a otros comerciantes, nobles e incluso reyes. Con el crédito nació el pagaré, un documento que comprometía a los deudores a pagarlo con intereses en un tiempo determinado, posteriormente el embargo, que consiste en quitarle las pertenencias a los morosos.

Con todos estos avances de las ciudades nace el concepto del dinero, que es entendido por unos cuantos e ignorado por millones (como en la actualidad).

En la edad media el siervo buscaba estar seguro, sin importarle perder su libertad, ahora sucede algo semejante, el empleado busca sentirse económicamente seguro, por eso busca un empleo, créditos y dinero, aunque tenga que perder su libertad.

El **siervo actual también le exige a su gobierno que le resuelva sus problemas**, ¡para eso paga sus arriendos (perdón, sus impuestos)!

El siervo contemporáneo cree que el gobierno debe crear nuevas leyes para que le den empleo, le paguen mejor y tenga menos horas de trabajo efectivo, también supone que tiene que crear nuevos programas sociales que le beneficien.

No le interesa ser señor feudal, eso es muy complicado, es mejor exigir que comprometerse, si una linda chica (o chico) anda por ahí, podría comprometerse en matrimonio, si no, ya llegará; el siervo sabe que formar una familia es primordial para la continuidad social (y para tener más siervos que aporten sus arriendos al señor feudal).

El actual siervo no es dueño de su destino, otros se ocupan de él, ¿para qué preocuparse? Tener un buen empleo, una casa regular y un auto adecuado es lo más conveniente, los lujos son para los señores feudales, él solo quiere vivir feliz.

Los comerciantes de la edad media no solo inventan el dinero virtual, es decir, el crédito y las instituciones bancarias, sino que también imponen como costumbre el comprar artículos que no eran necesarios.

Los comerciantes de Italia, por ejemplo, traían telas y perfumes del medio oriente para venderlos, productos que eran adquiridos por panaderos, herreros, alfareros, entre otros, con el fin de parecerse a los burgueses.

Práctica que sigue vigente, al igual que el crédito, muchas de las cosas que adquiere la clase socioeconómica baja y media son inútiles, incluso algunos productos afectan su salud pero se siguen consumiendo.

Desde la edad media se premia el consumo y se ignora el ahorro, esta es una práctica sumamente peligrosa que está ingresando cada vez más personas a la pobreza.

Como puedes darte cuenta, existen cientos de prácticas arraigadas que traemos desde la antigüedad, sin darnos cuenta seguimos ejerciéndolas aunque nos impidan lograr atraer la riqueza.

¿Qué pasa con nuestro cerebro? Lo mismo que la edad anterior, el reptil y el límbico son los que se estimulan en la edad media, al igual que ahora: **busca tu seguridad personal y laboral, solicita que alguien te proteja y trabaja mucho** (y pide muchos créditos).

El mensaje de los medios de comunicación, escuela y, desafortunadamente, tu familia, es claro: **sobrevive a diario y no pidas más, solo necesitas seguridad**.

Por eso millones de personas desean trabajar para otro, así resolverán todos sus problemas, alguien cuidará de ellos y no tendrán que preocuparse de su presente, aunque no tengan futuro.

¡Esto debe cambiar!

Tu cerebro reptil y límbico te dirá que «estás en un buen camino» siendo empleado, pero lo cierto es que estás haciendo millonario a otro. ¡Espera! ¿Millonario a otro? Por supuesto, sin que te des cuenta, estás haciendo cada vez más rico al propietario de la empresa donde trabajas. Cuando alguien no sabe cómo hacer riquezas, venderá su tiempo, entonces alguien será el propietario de él.

El tiempo es el recurso que no puedes vender, ¿qué pasa con un empleado que trabaja ocho horas al día? Llegará a su casa cansado, sin ánimos de convivir con su familia, ¡mucho menos dedicarle un par de horas a investigar sobre cómo hacer riquezas! Entonces se convierte en una máquina que produce dinero para otro, menos para sí mismo.

Descuidará su alimentación por trabajar para otro, se enfermará por lo mismo y pronto asistirá a su centro laboral sin deseos de mejorar, solo cumplir un día más. Como hay mucha competencia, posiblemente lo despidan por encontrar a alguien más joven, dispuesto a ofrecer más tiempo y esfuerzo a cambio de unas cuantas monedas, no las que quisiera, pero sí las suficientes para sobrevivir.

¿Te das cuenta dónde está el problema? Si trabajas para otro, no eres dueño de tu tiempo, lo es él, por ello no podrás hacer riqueza. Un millonario tiene ideas y busca a otros que las ejecuten para él, ¡así se hace la riqueza! He comparado en otros libros a los millonarios con generales del ejército, quienes diseñan las acometidas y proporcionan instrucciones precisas para que los soldados las lleven a cabo.

El millonario busca la libertad, el pobre busca a quién cambiársela por dinero.

Es el caso de esta persona que comparte su historia en la bitácora de Internet[5] que te he comentado con anterioridad:

> Me llamo Juan, tengo 47 años y llevo trabajando desde los 22 en trabajos de subsistencia. Terminé la universidad al tiempo que trabajaba y no pude conseguir un trabajo relacionado con los estudios. Tuve que sobrevivir lejos de la casa paterna, sin salir de este país. Mi tope salarial fueron los 1.100 euros y siempre ha sido volver a empezar. Aprobé una oposición como personal laboral fijo hace poco, y ahora, cambian las condiciones de ese personal, haciéndolo tan precario como todo lo demás. Intento ver qué parte de responsabilidad tengo en todo este desastre. Hay días en que pienso que sería mejor tener un accidente laboral y quedarme con una incapacidad que me permitiera percibir una prestación, pero me cuesta perder un dedo, o una mano, quizás algún día las necesite para algo útil de verdad.
>
> Ahora tengo un salario de 903 euros, tras 24 años de trabajo. ¿Merece la pena? Quizá este sea el momento de no adquirir los compromisos que hacen creer que debes adoptar, como son: el coche, la casa. Si entráis en ese juego, será difícil salir. Ser libre es no tener ataduras y eso tiene un precio. Aquí nos quedaremos los

---

[5] https://elsnouspobres.wordpress.com/.

esclavos produciendo y pagando impuestos. Debiendo a los bancos, a la administración, a los especuladores. Y estaremos eternamente agradecidos porque seguiremos celebrando aniversarios de la Democracia. Aun así, merece la pena vivir. Y creo que hay que hacerlo allí donde te traten como a una persona, crean en ti y sientas que vives entre seres, lo más humanos posible.

¿Te das cuenta? Él refiere que en su trabajo siempre ha ganado lo mismo, sin oportunidad de mejorar, ¡y tiene razón! Ha dedicado muchos años a trabajar para otro, nunca a prepararse para trabajar para él o para que otros trabajen para él.

La mayoría de las personas supone que alguien debe ofrecerles seguridad, un buen sueldo y ayudarlos, pero esto no funciona así, por frío que parezca, mientras son útiles, les darán un empleo (mal pagado, pero donde tienen un sueldo «seguro») y cuando ya no ofrezcan más, serán despedidos.

Ese tiempo destinado a trabajar para otro debió utilizarlo para crear su propia empresa, para posteriormente tener a personas trabajando para él, así al final buscaría negocios que le dieran lo suficiente sin necesidad de cambiar su tiempo por dinero.

Juan también aborda un tema actual: «quizá este sea el momento de no adquirir los compromisos que hacen creer que debes adoptar, como son: el coche, la casa». Millones de personas están más preocupadas por generar dinero para gastarlo en lugar de conocer cómo invertirlo, movidos por el ideal de consumo, que ha prevalecido desde hace muchos años. De ello escribiré más adelante.

La edad feudal se quedó atrás, pero no su esencia. Ahora existen feudos, pero tienen otro nombre, algunos son llamados bancos.

La institución bancaria te ofrece fácilmente préstamos, incluso te ofrece guardar tu dinero para que esté «seguro», pero en realidad está adoptándote como siervo.

Si tú le pides un préstamo, ella te lo dará, en «cómodas» mensualidades, las cuales tendrás que pagar mes a mes, es decir, si ahora decidieras dejar de trabajar no podrías, puesto que tienes un compromiso que cumplir. Aquellas personas que «invierten» también les pasa algo semejante, el banco, para poder respetarles una tasa «preferencial», les dice que deben de invertir cierta cantidad cada determinado tiempo, con ello se aseguran que estén trabajando para conseguir ese dinero y otorgárselos. En ambas situaciones el banco tiene trabajando a otras personas por él.

Hace bastante tiempo, cuando aún trabajaba para alguien más, estuve con una empresaria que tenía un negocio de envíos de dinero de Estados Unidos a México —de todos es sabido que uno de los ingresos de México son las remesas enviadas por personas que trabajan como ilegales (y también legales) en su país vecino—, lo interesante es que cuando el familiar iba a cobrar su «envío», ella le ofrecía guardarle parte de este, pagándole una comisión más alta que el banco, la mayoría le dejaba una gran parte de lo recibido. Ella, con el dinero de la persona, pagaba las remesas, adquiría casas (que rentaba o vendía) e invertía en otros negocios, ¡todo con el dinero de otra persona!

Así trabaja cualquier banco, es el dinero que se deposita en él lo que permite que se generen préstamos, si a ello le sumamos que parte de las transacciones son virtuales, el negocio es redondo.

¡Miles de personas trabajan para otros!

Ese es un excelente negocio, ¡tener a otra persona trabajando para ti y que ella esté a gusto mientras lo hace!

Las empresas hacen algo similar, recientemente a unos amigos que dan clases en una universidad les ofrecieron un esquema de «tiempo completo», es decir, 35 horas por semana, con prestaciones y pago de vacaciones. Mis amigos creyeron que era una oportunidad única, pues tendrían un sueldo asegurado, ¡pero nunca hicieron cuentas! Antes de ese «beneficio» ganaban 5.40 euros la hora, ahora ganan 576 euros por mes, si haces una simple división, verás que ahora ganan 4.11 euros la hora (576 entre 140 horas al mes), es decir, ¡están perdiendo 1.29 euros por hora! Al mes perderán 180.6 euros.

¿Cuál fue el beneficio? Para la institución educativa sí lo hubo, pero para ellos no.

Millones de personas no hacen operaciones matemáticas básicas, por eso están pobres, en cambio, unos cientos hacen muchas cuentas y son millonarias. Puedo afirmarte que la búsqueda de seguridad hace que te olvides de las operaciones matemáticas simples.

Ofrece cierta seguridad y tendrás a personas trabajando a gusto contigo, aunque les pagues muy poco dinero a cambio.

No debes buscar culpables por tu situación, tú eres el único culpable, al no reflexionar sobre tu actuar y solamente buscar seguridad.

En su búsqueda de seguridad, millones de personas adquieren deudas, no solo en préstamos directos de instituciones bancarias, sino al obtener productos que no les sirven para nada.

Conozco muchas personas que han comprado un automóvil de lujo, el cual mes con mes les quita dinero por concepto de gasolina, servicios automotrices, pago de impuestos y demás gastos fijos. Si adquieres algo que te genere gastos, ya te metiste en un grave problema.

En la edad media las posesiones eran altamente valoradas, cuanto más tuvieras, mejor era tu existencia. Al parecer la gran mayoría de personas sigue con esa idea hasta ahora.

Conozco muchos que coleccionan cosas inservibles, que han comprado incluso sin saber para qué les sirven. Otra vez nuestro cerebro primitivo es el que toma el control. En una investigación se descubrió que al gastar dinero se estimulaban en el cerebro las mismas áreas que las incitadas por las drogas, por eso tendemos a gastar, aunque no utilicemos mucho de lo que adquirimos. ¡El cerebro límbico hace de las suyas otra vez!

Analiza tu vida en este momento, ¿cuántas cosas tienes actualmente que no te sirven para nada? Podría apostar que más del 50% de lo que posees es algo inútil.

Si ya has leído alguno de mis libros, sabes que tengo reglas (de las cuales hablaré más adelante), y una de ellas es no comprar algo que me quite dinero, cualquier cosa que adquiera deberá darme dinero o por lo menos no quitármelo. Y eso se aplica a mis relaciones interpersonales, los amigos que tengo no me quitan dinero, si detectara que lo hicieran, me alejaría de ellos, pasa lo mismo en el plano sentimental y familiar.

Siempre estoy pendiente de ganar más dinero o por lo menos no gastarlo, aquello que adquiero debe darme dinero, nunca quitármelo.

Por eso cuando acudo a hacer mis compras de víveres llevo un listado de lo que adquiriré, eso me asegura traer a casa solo lo necesario. Por supuesto elaboro esa lista un día antes, así tengo tiempo para analizar lo que realmente necesito y no solo lo que se me presente frente a mí el día de compras.

Cuando adquieres algo que no necesitas seguramente adquirirás deudas. Tu cerebro se acostumbrará a comprar por comprar, sin reflexionar y lo seguirás haciendo, hasta que tengas que pedir algún tipo de préstamo.

En este momento podrías decir: «pero me convertiré en un robot», te comprendo, lo escucho bastante, todos los pobres suponen que deben hacerle caso a sus emociones, pero están equivocados. ¡Todos los ricos que he entrevistado tienen controladas sus emociones! Hablaré más de ello en las líneas próximas, pero ahora debes tener en cuenta de que si no tienes controladas las emociones ellas te controlarán, por eso, ¡Sí! Debes ser como un robot y analizar toda tu vida si quieres ser millonario.

EVITA EL CONSUMISMO

El nuestro es un mundo en el que la gente no sabe lo que quiere y está dispuesta a todo para conseguirlo.

Don Marquis

John Wanamaker, un empresario estadounidense que tenía un par de tiendas importantes en ese país, comenzó a celebrar la Navidad en su tienda a finales de 1800. Santa Claus se colocaba en el centro para escuchar las peticiones de toda la familia y la tienda era lujosamente adornada con motivos navideños, eso atraía a miles de personas cada año, haciendo que compraran más que en los otros meses.

Entonces Wanamaker se dio cuenta de que debía crear algunas festividades más, para generar ingresos todo el tiempo. Observó que en su iglesia se celebraban un par de festividades donde los feligreses intercambiaban regalos entre sí, entonces se propuso llevar ese concepto a su negocio, así comenzó a hacer que sus empleados y clientes festejaran varias fechas durante el año, a él se le debe la institución de varios festejos de Estados Unidos que después fueron copiados por otros países, por ejemplo el día de San Valentín y el Día de la Madre. El objetivo era simple: hacer que las personas consumieran más productos todo el año.

Él creía que consumir era beneficioso, no solo para sus tiendas, sino para que la economía se fortaleciera, al vender más productos, los almacenes buscaban otras opciones que ofrecer, así se le daba trabajo a miles de personas.

Posteriormente, otros empresarios se dieron cuenta de que las personas tenían interés por lo nuevo, es decir, por la moda, por eso comenzaron a contratar personas que copiaran los modelos de alta costura para que todos pudieran usarlos. Entonces los consumidores podían adquirir a precios bajos la ropa que la gente de alcurnia de la época usaba. Por supuesto, cuatro veces al año se fabricaban nuevos modelos, así surge la ropa de temporada.

También se dieron cuenta de que la ropa creada duraba mucho tiempo, por eso decidieron que se debía producir vestimenta que no durara tanto tiempo, para que así los usuarios compraran más.

Esta práctica se extendería años después a otros artículos, esa es la razón por la cual los enseres domésticos no duran el mismo tiempo que hace años. Mi abuela tenía un refrigerador que llevaba muchos años funcionando, construido de acero, aluminio y otros metales, ahora uno de ellos tiene muchas partes desechables. Hace poco se descompuso el mío, que lleva también mucho tiempo funcionando, cuando llegó el reparador me preguntó el año en que lo adquirí, yo no supe qué contestar, le pregunté el porqué de su cuestionamiento, él me dijo: «si tiene más de diez años sí tiene arreglo, si no, debe comprarse otro», ahí comprendí el concepto de **caducidad programada**.

Sucede que los fabricantes están utilizando piezas de baja calidad, para que aquello que compraste tenga cierto tiempo de vida, es decir, su caducidad ya está programada. Gracias a ella, los fabricantes y distribuidores ganan más.

Muchos quieren tu dinero y no dudarán en hacerte creer que necesitas ese producto o servicio, también impondrán una moda o te venderán cosas con caducidad programada, en nosotros, los consumidores está la decisión de no caer en sus redes —así como las arañas las crean para que sus presas caigan en ellas, muchos fabricantes y comerciantes lo hacen.

A diario verás anuncios publicitarios invitándote a comprar ciertos productos, por supuesto los adquirirás a un precio muy elevado, ya que tienen que recuperar su inversión contigo. Para que te des una idea de cómo funciona esto, hace unos años tenía mi propia marca de champú para el cabello (ya hay champú para el cuerpo, para el automóvil, etcétera), el producto en sí era muy económico, solo medio euro, pero si deseaba venderlo, tenía que colocarlo en un envase que me costaba un euro, el costo final para el consumidor era de siete euros, que pagaban felices por ser un buen producto; aunque intenté comercializarlo con un envase sencillo, para que solo costara tres euros, nadie me lo compraba. Era el mismo producto, en diferente envase, pero el cliente quería mostrar ese recipiente a sus familiares y amigos. Sin darse cuenta, pagaba por el lujo, no por la eficacia.

Muchas veces estamos pagando mucho dinero por el envase, olvidando que es el producto de calidad lo que debemos de buscar. No compres el envase o la marca, busca calidad y durabilidad en lo que adquieres —además de darte cuenta si realmente lo necesitas—.

Miles de consumidores pierden el objetivo del porqué compran un producto, por eso gastan su dinero en cosas que no les sirven para nada. Consumir sin medida los llevará a la pobreza.

El objetivo de la ropa es cubrirte, por eso debes elegir aquella que tenga más duración y que cubra tus necesidades. Pero muchos están comprando su vestido porque alguien les dijo que deben hacerlo o desean formar parte de un «selecto» grupo de personas que usan esta o esa marca. Conocí a un joven que compraba ropa y después buscaba quién le bordara el logotipo de la marca de moda, aunque ahorraba bastante con esta acción, él deseaba formar parte de ese grupo que usaba la marca en cuestión.

Los publicistas lo saben, por eso lanzan campañas donde te demuestran que si usas tal o cual marca, serás aceptado por los demás, hay anuncios de desodorante para hombres que te indican que todo aquel que lo use será un imán para las mujeres, lo peor es que he conocido a muchos que se lo han creído. La investigadora española María Jesús Fernández Torres, dice sobre este tema:

> La publicidad busca convencer al posible consumidor, presentándole el producto como algo esencial para satisfacer sus auténticas necesidades. Los anuncios utilizan las principales motivaciones de los individuos: autoestima, poder, sexo, juventud, belleza, relaciones humanas satisfactorias, etc. Se cuida al detalle la estructura del mensaje verbal y su relación con la parte visual, el sonido, la música, el color, los efectos especiales e incluso los gestos.

Todo anuncio publicitario —e incluso programa televisivo— está diseñado para producirte una reacción, por lo regular te inducirá a comprar lo anunciado en el menor tiempo posible, sin darte oportunidad de compararlo con otros productos o analizar si realmente lo necesitas.

De acuerdo a investigaciones de Perú, Ecuador, México y Chile, más del 60% de los televidentes afirma que la publicidad influye en su decisión de compra, además, investigadores de Estados Unidos han señalado que la publicidad en radio o televisión influye en los hábitos alimenticios de los niños, observándose mayor sobrepeso en quienes ven televisión por más de cinco horas a la semana.

La mejor forma de ser inmunes a esa publicidad engañosa es dejar de verla. Si pasas varias horas a diario escuchando radio o viendo televisión, lo más probable es que te impacte su publicidad. Si deseas tener el control de tu vida, apaga la radio y televisión.

Muchas personas me han dicho: «pero yo le quito el volumen a la televisión cuando hay anuncios comerciales» o «dejo de ver la televisión cuando hay anuncios», si piensas igual, lamento decirte que el programa que ves también tiene mensajes publicitarios. Te invito a que veas una serie televisiva, observa con detenimiento y escribe todas las marcas comerciales que se nombran o se muestran ahí. ¿Te das cuenta? Las series televisivas insertan publicidad —que por supuesto está pagada por las marcas que aparecen—, por ejemplo en la cocina verás cierta marca comercial de cereal, tal vez nunca la citen los protagonistas, pero la puedes ver claramente, eso pasa con decenas de productos. Sin que te des cuenta, te están programando para consumir, esta práctica se comenzó a poner en marcha en los años sesenta y se ha ido perfeccionando hasta nuestros días.

Eso pasa también en el cine, las películas buscan patrocinadores, quienes pagan bastante dinero para que sus productos se promocionen en ellas siendo parte del guion o de la escenografía. Bastante inteligente, ¿no es cierto? Por eso te recomiendo apagar la televisión y ver menos películas. O por lo menos darte cuenta de esta práctica que intenta convencerte de comprar distintos productos que a veces no utilizas.

Otro filtro que yo uso para dejar de consumir sin sentido es seguir una regla que es simple pero poderosa, la cual te recomiendo seguir: **todo lo que adquiero debe darme dinero o por lo menos no quitármelo**. Mis lectores y asistentes a los seminarios que dicto la han seguido y su vida ha dado un vuelco espectacular, síguela y tendrás también excelentes resultados.

En uno de mis libros comento que una vez, esperando en una fila en el supermercado, observé el carrito de compras, que rebosaba de productos, de una mujer obesa, de todo lo que llevaba, solo identifiqué un artículo que no le quitaría dinero: una botella de agua. Lo demás la enfermaría y le generaría mayor obesidad, otros productos eran innecesarios. Supuse que trabajaba fuera de casa muchas horas, ya que llevaba galletas industrializadas, comida instantánea —llena de colorantes y químicos—, bebidas con gas —con demasiada azúcar— y la llamada «comida basura» —sin nutrientes—. Ella estaba llevando productos que le quitarían dinero, no solo por su compra, sino porque en un futuro no tan lejano, enfermaría.

¿Estás comprando productos que te quitan dinero? Un buen ejercicio es que vayas en este momento a la alacena de tu cocina y hagas un listado de cosas que te restarán riqueza, sin conocer tu casa, te puedo adelantar que más del 40% de lo que tienes te está quitando dinero.

Como estamos bombardeados con anuncios publicitarios todo el día, suponemos que ciertas marcas nos benefician, pero no siempre es así. La mejor forma de elegir lo mejor es investigar sobre los productos y sus ingredientes —en el caso de los alimentos— o de sus componentes —para el resto de artículos que adquirimos.

Internet es un buen recurso para investigar, lee los comentarios de los usuarios, sus quejas y las opciones que dan, hay varios sitios donde se comparte información de la satisfacción o insatisfacción de ciertas marcas, también pregunta a tus familiares, amigos o vecinos, ellos han utilizado varios productos y posiblemente los han comparado. Con todo lo obtenido, analiza cuál marca dura más y cuál solo quiere tu dinero. De manera particular, llevo años comprándome unos zapatos de una marca poco conocida, son económicos, cómodos y duraderos, si quisiera comprarme otro par de un modelo diferente, investigaría cuál sería el adecuado para mis necesidades.

Eso es también importante, todos tenemos diferentes necesidades, en mi caso, esos zapatos los utilizo para caminar en asfalto, pero si requiriera hacerlo en caminos no asfaltados, usaría otro tipo de calzado.

Pasa lo mismo con los automóviles, conozco personas que viven en ciudad y manejan vehículos todoterreno, que solo les quitarán dinero. Si vives en el campo, necesitas una camioneta, ya que está fabricada para soportar las imperfecciones del terreno, pero si vives en una ciudad como yo, opta por un automóvil de pocos cilindros, así ahorrarás en combustible.

Date cuenta de qué necesitas y qué productos te dejarán sin un euro en la bolsa, también ten cuidado con muchas técnicas maliciosas enmascaradas como «ofertas», que tienen como finalidad hacerte adquirir cosas que no necesitas.

Hace tiempo entré con mi pareja a una tienda de todo por un precio, ella comenzó a llenar el carrito de compras, cuando la detuve, me dijo que no importaba, al fin y al cabo era muy económico. Fue hasta que le hice ver que si sumaba todos los productos gastaría demasiado cuando dejó de llenarlo, además, nos pusimos a ver realmente qué necesitábamos, lo que nos dejó con solo dos productos para pagar.

No afirmo que todas las ofertas son engañosas, pero sí tienes que detenerte cuando escuchas esa palabra, ella disparará en tu mente un deseo de obtener el producto rápidamente, ya que ¡debes aprovechar esa oferta! Pero analiza antes de comprar, una estrategia que recomiendo es dar un paso atrás para ver todo el bosque. ¿Cómo es esto? Si estás frente a un árbol, solo lo verás a él, pero si das muchos pasos atrás, te darás cuenta del conjunto de árboles que componen el bosque. Cuando encuentras una oferta, aléjate del lugar, no pienses en ella durante al menos una hora, entonces reflexiona si necesitas el producto o no, verás que la mayoría de las veces era tu impulso por adquirir esa oferta la que te movía hacia la acción.

Los publicistas están empeñados en hacerte desear un producto o querer pertenecer a un grupo selecto, por eso utilizarán muchas tácticas para lograrlo. Es por ello que te he indicado que analices si realmente necesitas el artículo en cuestión.

Al parecer los consumidores caminamos en un campo minado: un movimiento en falso y perderemos mucho dinero. Por eso insisto que debes cuidarlo continuamente.

Los millonarios se han dado cuenta de esto, por eso evitan gastar su dinero y prefieren invertirlo. Una mujer millonaria me decía constantemente: **el dinero que gastas jamás regresa a ti, pero el que inviertes, se multiplica**. Si solo consumes, tirarás tu dinero, como ella lo decía, y nunca más lo verás regresar, pero si en lugar de ello lo inviertes, tendrás cada vez más, es lo que te propongo en el siguiente apartado.

VIVE DE FORMA AUSTERA E INVIERTE LOS EXCEDENTES

Si no sabes dónde vas, acabarás en otra parte.

Laurence Johnston Peter

Eso que ahorras al evitar el consumismo, tienes que invertirlo para que te genere más riqueza. No tendría caso que ahorraras para tener tu dinero guardado, todo dinero debe darte más. Los millonarios lo son porque han multiplicado sus ingresos, viven de forma austera para invertir sus ahorros y excedentes, lo que a la larga les dará más dinero.

Cuando te menciono invertir, no significa que debas destinar grandes cantidades de dinero en acciones bursátiles de empresas —es decir, títulos que te hacen propietario de una pequeña parte de ella—, es cierto que es una forma de inversión, pero requieren de mucho dinero para que te regresen grandes cantidades de este.

Me refiero a adquirir posesiones que te hagan ganar más dinero. Te comparto una pequeña inversión que hice tiempo atrás.

Hace años, con poco dinero que me sobraba, comencé a adquirir máquinas expendedoras de dulces, compraba un par de ellas y las colocaba en diferentes negocios de una localidad, cuando tenía más excedentes, iba a comprar más, hasta tener treinta de ellas distribuidas estratégicamente. Ellas me reportaron ganancias durante un par de años, hasta que decidí venderlas para dedicarme a otros negocios, ¿y sabes qué? Las subasté por Internet, donde me pagaron un precio mayor que el invertido. Cuando eran nuevas, cada una de ellas me costó unos cincuenta euros, en la subasta me las pagaron en unos setenta euros. Ellas se pagaron solas vendiendo los dulces durante dos años y cuando las vendí, obtuve más dinero, ese es un ejemplo de inversión.

¿Qué podrías adquirir con lo ahorrado? Analiza esto detenidamente, recuerda que tienes que buscar invertir en algo que te regrese más dinero.

El dinero que ahorras observando una vida austera, debe darte más dinero, esa es la regla. Algunos de los millonarios que entrevisté habían reunido lo suficiente para adquirir una casa, la que ponían en alquiler, obteniendo dinero constante durante todo el año, ese es otro tipo de inversión.

Si tienes poco dinero para comenzar a obtener más dinero, podrías comenzar a distribuir un producto, esa es otra excelente opción, cuando yo viajaba constantemente a un lugar por motivos de trabajo, busqué vender algo para recuperar los costos del transporte, por eso contacté con una empresa que no tenía presencia en ese lugar, para distribuirle sus productos, yo se los vendía a los comercios de allá y obtenía un ingreso extra por ello, esa es otra forma de invertir.

Vive de forma austera para poder vivir holgadamente en tu futuro, esa es una regla que no debes olvidar, ahora tal vez tengas mucha energía, pero dentro de algunos años, no podría ser igual, por ello tienes que asegurar tu futuro, cuidando tu dinero ahora e invirtiéndolo cada vez que tengas oportunidad.

Amanda Clayton, ganadora de un millón de dólares en la lotería del estado de Michigan, en Estados Unidos, ha sido criticada por utilizar vales alimenticios para comer gratuitamente en los comedores del estado, ella afirmó: «usaba los cupones, pensé que me los quitarían cuando se enteraran del premio, pero como no lo han hecho, y creo que está bien, porque no tengo trabajo, los uso». Con lo obtenido como premio, después de descontar los impuestos, adquirió dos casas y un automóvil, en una vive y la otra está rentada. Ella sigue estudiando.

¿Está haciendo lo correcto? Aunque su proceder es cuestionable porque le quita la oportunidad a otra persona para comer, lo cierto es que está aprovechando al máximo la ayuda del gobierno, no ha despilfarrado su dinero y sigue aprovechando su situación ventajosa.

La mayoría de las personas, en su caso, se dedican a despilfarrar el dinero, ella lo invirtió en propiedades, las que le pueden dar más dinero, ahorra en comida y sigue viviendo de acuerdo a sus anteriores necesidades.

El caso de Clayton ejemplifica algo que afirmo en mis seminarios y libros: **cualquier cantidad de dinero debe darte más, no quitártelo**.

Millones de personas esperan tener dinero para despilfarrarlo, pero los millonarios lo utilizan para producir más. Hace poco leía en un blog de España que si el gobierno cuidara las finanzas de sus representados, la gente tendría más dinero para gastar… ¡A eso me refiero! El pobre quiere dinero para gastar, el millonario lo desea para generar más riqueza.

¿Has escuchado a alguien decir que espera cierta cantidad de dinero para gastarlo? Yo lo escuché bastante cuando trabajaba como empleado, mis compañeros esperaban su paga para despilfarrarla, mientras los dueños de esas empresas destinaban sus ganancias en inversiones.

Dinero llama a dinero, dice la frase popular y es verdad, pero el pobre cree que dinero llama al consumo. El millonario cuida su consumo, el pobre no reflexiona sobre lo que adquiere.

«La gente tendría más dinero para gastar» es una frase que encierra el grave problema actual, todos quieren dinero para gastarlo, no para invertirlo, solo los millonarios lo usan para generar más dinero.

Los pésimos hábitos de consumo de la gran mayoría los están llevando a la pobreza, los millonarios controlan sus impulsos de consumo, enfocándose en la adquisición de riqueza, no en el gasto de la misma.

Siempre te invitaré a que te preguntes si realmente necesitas este o aquel producto, el pobre solo compra cuando tiene dinero, el millonario analiza si aquello que comprará le servirá para algo o no.

Hace poco una mujer me envío un correo electrónico solicitándome entrar gratis a un evento alegando que no tenía dinero, ¡desde un teléfono inteligente! Recapitulemos, ella no tenía dinero para invertir en su estimulación cerebral, pero sí tenía para pagar un teléfono así y todo lo que conlleva, es decir, renta por usar Internet, por hablar y por enviar mensajes.

Millones de personas hacen lo mismo, pagan a otro que no les dará riqueza pero sí se las quitará y desean obtener gratis productos o servicios que sí les ayudarán. Si deseas ser millonario, debes seguir la máxima de Benjamín Franklin: «Vacía tus bolsillos en tu mente, que tu mente llenará tus bolsillos».

No estoy en contra del uso de los teléfonos inteligentes, pero sí del despilfarro. ¿Por qué contratar un plan de Internet para el celular cuando tenemos este servicio en casa? Muchos podrían alegar que al estar mucho tiempo en la calle necesitan ese servicio, lo entiendo, pero entonces deben tener un servicio, no varios, así no gastarán tanto dinero.

Yo no tengo contratado ningún servicio móvil, aunque por mi ocupación viajo bastante. Siempre espero a llegar al aeropuerto para conectarme a la red inalámbrica con mi computadora personal o estar en el hotel, así no gasto adquiriendo un paquete de Internet móvil.

En una ocasión, un hotel quería cobrarme por el servicio de Internet, ¡por supuesto no pagué por él! Y tengo mis negocios en la red, pero no veía justo pagar por un servicio que debe ser gratuito en ellos, por eso no revisé mi correo ni visité mis páginas en un par de días, lo hice mientras viajaba en el autobús del aeropuerto a casa (por cierto, este es un excelente servicio incluido en el precio del boleto).

Procura no gastar y sí invertir, por eso siempre te estoy invitando a darte cuenta qué gastos inútiles tienes, para desecharlos, solo así tendrás pleno control de tus finanzas y te acercarás cada vez más a la riqueza.

Desde hace un par de años las personas están gastando mucho dinero en artículos tecnológicos, lo peor es que no le están dando el uso correcto. ¿Para qué adquirir un ordenador con gran memoria si no trabajarás con archivos multimedia? Muchos que solo utilizan un procesador de palabras tienen la computadora más reciente solo porque la deseaban.

Lo peor es que cada año están cambiando el ordenador o el teléfono inteligente, pues cada seis meses aproximadamente hay una innovación tecnológica. Si deseas estar a la vanguardia, es prácticamente imposible, puesto que gastarías mucho dinero, aunque millones lo intentan adquiriendo deudas en el proceso.

Empleados que destinan hasta el 40% de su salario para adquirir el teléfono celular más innovador (pagándolo en «cómodas» mensualidades) y adolescentes que se sienten presionados por sus pares por no tener el artículo tecnológico del momento son solo dos ejemplos del consumismo inmoderado que rige en la actualidad.

¿Te das cuenta por qué los pobres adquieren deudas y los millonarios atraen más riqueza? Los primeros buscan adquirir objetos, los segundos, más dinero. Los millonarios en cuanto tienen más dinero buscan dónde invertirlo, los pobres, cuando les llega, buscan en qué gastarlo.

Cuida tu dinero, pues él no regresa. Busca multiplicarlo y evita el consumismo.

Como te decía anteriormente, adquiere algo que te proporcione dinero o no te lo quite, yo tengo negocios en Internet, por lo que adquiero cada dos años un portátil. Lo uso todo el día, los 365 días del año, y cuando ha cumplido su tiempo útil, lo coloco en subasta en Internet, recuperando al menos una parte del costo. Ya me regresó lo invertido mucho tiempo atrás, por lo que me ofrece una ganancia. Podría tener dos portátiles, pero uno de ellos estaría sin usarse, por eso solo adquiero uno y lo aprovecho al 100%, después lo vendo para comprar otro, más reciente, para sacarle el máximo provecho.

Hago lo mismo con otros componentes informáticos o electrónicos, por ejemplo, cuando vendía discos compactos con mis conferencias, adquiría una impresora para ellos, la usaba al máximo y después de más o menos un año de uso, la vendía y compraba otra, así tenía lo más nuevo conmigo y ganaba más dinero con algo que ya me había dado bastante.

Tienes que darte cuenta en dónde gastas tu dinero. Te recomiendo que lleves una bitácora de tus gastos, es decir, que anotes todos tus gastos a diario, durante una semana, posteriormente, decide qué rubros eliminarás. Es lo que hace una fábrica exitosa, se da cuenta de cuánto tiempo ha usado cierta máquina, así se anticipa a la inactividad por rotura. Si previenes, tendrás menos errores. Al llevar una bitácora, te das cuenta dónde están los errores y cómo puedes solucionarlos.

Tal vez no te has dado cuenta de todos los gastos que tienes a diario, por eso debes realizarla. Tenemos conductas inconscientes, que requieren hacerlas conscientes para modificarlas. Te cito un ejemplo, yo realizo un ayuno terapéutico al menos una vez al año, el cual consiste en no comer nada el primer día, solo agua, el segundo consumir agua de fruta sin azúcar, el tercero aumentar verduras crudas y así hasta completar una semana de desintoxicación; mi pareja nunca lo había llevado a cabo hasta hace unos meses, que lo hicimos juntos. El primer día, a las pocas horas del comienzo, ella se llevó a la boca un pedazo de pan, entonces la cuestioné sobre lo que estaba haciendo, ella avergonzada lo hizo a un lado diciéndome «no me di cuenta», al poco rato estaba quitándole la cáscara a un plátano para comérselo, volví a cuestionarla, me dijo lo mismo. Sucesos parecidos se repitieron ese primer día. Al día siguiente, fuimos a hacer las compras a un supermercado, se acercó una chica ofreciendo carnes frías, mi pareja extendió la mano para tomar una muestra, antes de agarrarla, se detuvo, me miró y me dijo apenada que «se le había olvidado que estaba en desintoxicación». Acciones similares acontecieron ese mismo día. Ella tomaba la comida inconscientemente, pues estaba acostumbrada a comer pequeñas porciones, eso es lo mismo que pasa con los gastos, sin que te des cuenta, estás gastando en cosas absurdas sin darte cuenta del porqué lo haces o si te sirven para algo.

Por eso tienes que hacerlo consciente, llevando una bitácora de gastos, así evitarás aquellos que son innecesarios y que te restan riqueza.

David Bach, un economista y escritor estadounidense, llamó a esta fuga de pequeñas sumas de dinero a diario, el factor café latte, debido a que un residente en Estados Unidos gasta en promedio unos tres euros al día solo comprando tazas de café, capital que no volverá a sus bolsillos.

Pero aquí viene algo muy interesante, si sumas esos tres euros por la cantidad de días que tiene el año, tendrás una suma considerable: 1.095 euros (tres euros por 365 días). ¡Más de mil euros desperdiciados al año! ¿Qué sucedería si en lugar de gastarla, invirtieras esa cantidad? Tendrías más dinero. Esa es la propuesta, que evites gastar e inviertas eso que destinabas al consumo innecesario.

Date cuenta de esas pequeñas fugas de capital que tienes al día, verás que consigues bastante. Una de mis lectoras me compartió que siguiendo estas recomendaciones, en un año tuvo lo suficiente para comprar un automóvil usado. Si ella consiguió un vehículo evitando gastar, ¿qué harías tú con esa práctica? Comienza a llevar tu bitácora de gastos, después descubre de qué puedes prescindir, para posteriormente invertirlo y así conseguir más dinero.

Hay muchas formas de ahorrar, por ejemplo, podrías unirte con tu familia, amigos o vecinos para comprar productos de primera necesidad al mayoreo y ahorrar dinero con esa acción. Esa es una práctica poco extendida que proporciona muchas satisfacciones.

Podrían comprar arroz en grandes cantidades y repartirlo, también pueden hacer lo mismo con el azúcar y granos. Esto es conocido en algunos países como cooperativa de consumo. El objetivo es simple: **organizarse para obtener artículos de consumo indispensables y así ahorrarse algunos euros**, los que puedes multiplicar posteriormente.

La organización siempre será benéfica para hacerle frente a una crisis económica o de cualquier índole, en cambio, la desorganización producirá problemas complejos en el futuro.

Debes cuidar tu dinero, para eso tienes que cambiar tus hábitos, los que pueden llevarte a la riqueza o pobreza. Conocí una estudiante que comenzó a trabajar medio tiempo, cuando recibió su primera paga, fue a un centro comercial a gastarla en ropa, pero lo más grave es que solicitó una tarjeta de crédito y contrató televisión por cable, al comenzar a ganar dinero, hizo lo que muchos: contrajo compromisos.

Millones de personas en cuanto tienen un sueldo hacen lo mismo: **endeudarse rápidamente**. Eso los llevará a trabajar para otros, sin darse cuenta, pero felices por ello. Los millonarios en cuanto ganan dinero buscan cómo generar más dinero, los demás, en cuanto tienen dinero, buscan cómo gastarlo.

Los comercios han inventado muchos modelos para que, sin darte cuenta, trabajes para ellos, por ejemplo el pago a plazos, que por cierto, es otro invento del empresario John Wanamaker. Él se dio cuenta de que muchos deseaban ciertos productos, pero no tenían el dinero para obtenerlos, por eso se los ofrecía en pequeños pagos, que los esclavizaban durante meses o años. Esta es una práctica aún vigente.

Nunca deberíamos comprometer nuestras ganancias, mucho menos adquirir productos para pagarlos posteriormente, pues así estaremos dejando ir nuestro dinero, el cual como ya sabes, no regresará. Solo si lo inviertes, podrás recuperarlo y multiplicarlo, si lo gastas, nunca más lo verás regresar.

No olvides que si deseas atraer riqueza tienes que **modificar tus hábitos**, por eso debes dejar de gastar dinero para invertirlo y así multiplicarlo.

Pero, ¿por qué gastan dinero las personas? Aunque es una pregunta con muchas respuestas, ya te he expuesto una de ellas: **gastar dinero activa las mismas zonas de placer que muchas drogas ilegales**.

Esto tiene mucha lógica, si alguna vez has dilapidado lo poco o mucho que tenías, sabrás que mientras lo hacías te sentías feliz, pero cuando pasaron algunas horas y la euforia disminuyó, apareció la culpa. Por eso millones buscan gastar su dinero, es un acto puramente neurológico, que debemos controlar. Algunas recomendaciones para ello ya te las he mencionado, más adelante encontrarás más.

ENFÓCATE EN LA OBTENCIÓN DE LA RIQUEZA

Muchas veces las cosas no se le dan al que las merece más, sino al que sabe pedirlas con insistencia.

Arthur Schopenhauer

No solo debes evitar gastar o dejar de consumir, tienes que aprender cómo conseguir riqueza, eso es lo que te enseñaré en las líneas siguientes.

Toda persona de éxito te dirá que lo ha obtenido gracias a que se propuso conseguirlo. En su proceso, tuvo que tener un plan para lograrlo.

Si no tienes un plan, no sabrás qué pasos dar, ¿alguna vez has salido de tu casa sin saber exactamente a dónde vas? Si te ha ocurrido, ya sabes que carecer de un objetivo te quita mucho tiempo, además de hacerte perder tiempo y dinero. Si no tienes como meta conseguir riqueza, lo más probable es que despilfarres el dinero.

Por eso te recomiendo que te pongas como objetivo obtener riquezas, así comenzarás a organizarte, lo que te llevará a ser disciplinado.

Así funciona el proceso para obtener riqueza:

1. Te propones algo.

2. Te organizas.

3. Te disciplinas.

Cuando te propones algo, tu mente comienza a darte opciones, es como el niño que desea un dulce, se lo pide a sus padres de distintas formas, llegando incluso a llorar por él con tal de obtenerlo. Esa forma de solicitarlo o exigirlo forma parte de su organización interna, esa que tú también debes utilizar.

Lo que tú tienes que hacer es: **primero identificar exactamente cuánto dinero deseas o qué quieres poseer, posteriormente organizarte y por último enfocarte a conseguirlo**.

Aquello que deseas, debe ser percibido por tu mente como beneficioso, ya que ella busca lo mejor para ti —nuestro cerebro evolucionó para ayudarnos a sobrevivir a nuestro entorno—, por tanto, si considera que es peligroso algo, lo omitirá o buscará cómo olvidarlo, en cambio, si lo considera beneficioso, te ayudará para conseguirlo.

De acuerdo a esto, toda meta o plan que te propongas, tiene que suponer algo positivo para que no exista obstáculo alguno. Podrías, por ejemplo, proponerte ganar 10.000 euros en tres meses, de los cuales destinarás un 10% a una institución de beneficencia, así tu mente lo percibiría como benigno. Algo muy poderoso que te ayudará para este fin, es darte cuenta de que si tú obtienes ingresos, puedes repartir lo obtenido con otros, ya que cuando generas riqueza, no solo tú te beneficias, sino a tu entorno (empleados, dueños de comercios donde adquieres tu comida, etc.).

Cuando tengas identificada aquella cantidad de dinero que deseas —y hayas convencido a tu mente que es algo beneficioso para ella—, deberás especificar esa meta, ponerle un plazo límite y analizar cómo lo lograrás. Para ello, **escribe qué harás, en qué tiempo y cómo lo**

harás. Por ejemplo: «en dos meses tendré 10.000 euros, resultado de vender 1.000 camisetas de X marca».

Procura que tus metas sean alcanzables y analiza con seriedad cuáles son las posibilidades de alcanzar tus metas y qué posibles obstáculos encontrarás en el camino para anticiparte a ellos. Tus metas deben representar para ti un reto, que pongan a prueba tus capacidades y habilidades.

Evalúa tus metas constantemente, así te darás cuenta dónde te has desviado y qué tienes que hacer para regresar al camino.

Otra estrategia que te será útil es hacerte preguntas. Nuestro cerebro trabaja mejor cuando las formulas que al exponer una aseveración, si te dices «es fácil conseguir esos 10.000 euros», tal vez tu mente te ponga muchos obstáculos, pero si en lugar de ello te haces la pregunta «¿cómo puedo conseguir esos 10.000 euros?», tu mente te dará cientos de opciones. Inténtalo y verás una gran diferencia. **Nuestro cerebro se activa cuando le hacemos preguntas, no afirmaciones**.

Cómo se trata de organizar tu actuar, deberás formular de esta forma tu pregunta para que tengas mayor resultado: **¿qué pasos debo dar para obtener 10.000 euros?** Al hacerlo, le estás indicando a tu mente que te proporcione ideas para enunciarlas en pequeños pasos que te acerquen a tu meta.

Te repito: ¡pequeños pasos! **Un error común consiste en no dividir tu meta en acciones pequeñas pero contundentes**, por eso, millones de personas fracasan.

Esas acciones pequeñas, para ganar esos 10.000 euros, podrían ser:

- Buscar quién te ayude a obtenerlos.

- Vender 100 objetos que te proporcionen una ganancia de 100 euros cada uno.

- Vender 100 asesorías cobrando 100 euros por cada una.

¿Qué falta aquí? ¡Formularlas como preguntas! Así tu mente te dará más ideas —recuerda anotar cada una de ellas:

- ¿Quién podría ayudarme a obtener 10.000 euros?

- ¿Qué producto me daría una ganancia de 100 euros?

- ¿Qué servicio me proporcionaría una ganancia de 100 euros?

Inténtalo, divide tu acción en pequeños pasos y escribe las preguntas que te acerquen a tu meta, verás que encuentras cientos de opciones o descubres algunas que han estado allí sin que te hubieses dado cuenta de su existencia.

Estas preguntas te ayudarán a establecer qué acciones debes realizar y cuándo:

- ¿Qué tienes que hacer inmediatamente?

- ¿Qué tienes que hacer en una semana?

- ¿Qué tienes que hacer en dos?

- ¿Qué harás en un mes?

- ¿Qué harás en dos?

Para tener éxito en lo que te propongas, debes ser disciplinado. Esto se logra listando las acciones que llevarás a cabo y llevándolas a cabo sin excusa ni pretexto. Si te debes levantar a una hora determinada todos los días, tendrás que hacerlo sin excusa, si debes visitar a dos clientes diarios, hazlo sin dudar.

Por eso te estoy invitando a trazarte un plan de acción, que enfatice qué tienes que hacer para conseguir lo que te has propuesto. Cuando lo tengas, síguelo sin pretexto.

Te voy a revelar un secreto que me ha ayudado a disciplinarme, es una oración que tiene similitud a un mantra: **Solo por hoy**. Gracias a ella he logrado bastante, ya que no me preocupa el mañana, me enfoco en el día de hoy: solo por hoy visitaré a diez clientes, solo por hoy venderé diez productos, solo por hoy buscaré una nueva forma de ganar dinero. Créeme que esta oración funciona, cientos de mis lectores y asistentes a mis seminarios ya la usan, obteniendo mejoras increíbles. Por eso te la comparto, para que comiences a utilizarla también.

Tal como te he mencionado, una de las claves para conseguir aquello que deseas es el cambio de creencias, por eso, si deseas atraer riquezas, tienes que convencerte de que puedes conseguirlas. Solo cuando te convences de algo puedes tener éxito, en tu infancia, cuando te convenciste de que podías caminar, nada te detuvo para correr, por eso **tienes que convencerte de que puedes ganar cualquier suma de dinero, solo debes aprender cómo hacerlo**, esto es lo que estás aprendiendo en este texto.

Pero, ¿cuánto exactamente debes obtener por tu trabajo diario? Si desconoces cuánto debes ganar, otro le asignará un valor a tu trabajo. ¿Qué valor les has dado a tu tiempo? ¿En cuánto valoras una hora de tu trabajo? ¿Lo sabes? ¿Tú pusiste ese valor u otro lo hizo por ti?

La mayoría de las personas espera que otro le ponga un precio a su trabajo, varios le preguntan a sus contemporáneos cuánto ganan, para tener una idea de cuál es el posible valor de su actividad laboral. Ellos están en un error, por eso tienes que saber cómo determinar el costo de tu hora, para así cobrar lo adecuado.

Te voy a enseñar una forma muy sencilla de saber cuánto cobrar por una hora de tu trabajo. Para ello, vas a realizar unas simples sumas, multiplicaciones y divisiones, algo que ya conoces desde que eras niño.

Primero vas a sumar todos tus gastos mensuales. La siguiente lista de verificación te ayudará con esta tarea:

_____ Renta o hipoteca de tu casa.

_____ Seguros (de vida, contra accidentes, de salud, etc.).

_____ Gastos del automóvil.

_____ Otros gastos de transporte.

_____ Actividades recreativas (comida en restaurantes, cine, museos, etc.).

_____ Comida.

_____ Servicios (luz, agua, gas, mantenimiento en general, etc.).

_____ Servicios de comunicación (telefonía fija, móvil o celular, televisión, Internet, etc.).

_____ Pago de créditos (o préstamos).

_____ Cuidado personal (estética, gimnasio, etc.).

_____ Pago de impuestos.

_____ Otros gastos.

_____ **Total de gastos mensuales.**

Ahora que tienes el total de gastos de un mes, deberás multiplicarlo por dos. ¿Te preguntas por qué tienes que hacerlo? Simple, porque no solo trabajas para cubrir tus gastos, sino para vivir decorosamente, entonces es lógico que gastes únicamente la mitad de lo que debes ganar. ¿Cuál es tu total? Anótalo y regresaremos a él en unos instantes.

El siguiente paso es determinar cuántos días quieres trabajar al mes. Supongamos que deseas laborar solo 20 días, es decir, cinco días a la semana.

Cuando ya tengas los días, decide cuántas horas quieres trabajar al día.

Ahora multiplica los días de trabajo por el número de horas diarias que quieres laborar.

Siguiendo el ejemplo, presumamos que quieres trabajar cinco horas al día, multiplicados por los 20 días del mes, te arrojará un total de 100 horas mensuales.

Como deseamos saber cuánto debes cobrar por una hora de trabajo, escribirás los resultados de tus gastos mensuales (la cantidad que ya tenías anotada anteriormente) y los dividirás por el número de horas que deseas trabajar.

Si los gastos fueran de 1.500 euros, debes dividirlos entre 100 horas (de nuestra suposición), entonces tendrás un valor de 15 euros por hora.

Por cierto, este ejemplo es de un asistente a mis cursos, que es estudiante universitario, aún sin obligaciones familiares. Alguien que tenga una familia, deberá estar ganando más, debido a que sus gastos se incrementan también.

Cuando ya tengas el costo de tu hora, deberás buscar cómo conseguirlo —si aún no lo estás percibiendo— o aumentarlo —si ya estás ganando esa cantidad.

Como referencia, el periodista Eduardo Porter, en su libro «Todo tiene su precio», menciona que en 1999 la agencia de protección ambiental de Estados Unidos, valoraba una vida humana en unos 5.625.000 euros, aunque lo expone para otros efectos, podemos utilizar esta suma para darnos una idea de cuánto podemos conseguir a lo largo de nuestra vida; si tomamos en cuenta de que serían unos 40 años de actividad laboral, podemos deducir que una persona debería obtener 140.625 euros por año trabajado, en nuestro ejemplo de 100 horas al mes, para obtener esa cantidad deberíamos cotizar nuestra hora en 117,19 euros. El estudiante de mi ejemplo tendría una pérdida de un poco más de 100 euros cada hora laborada.

Cuando expongo esto a los asistentes a conferencias, cursos o seminarios, más de uno afirma que es difícil conseguir esa cantidad por hora, si lo estás pensando, te animo a que descubras cómo puedes obtenerla, para ello tienes que cambiar tu forma de hacer las cosas, es decir, de ganarte la vida, si sigues haciendo lo mismo una y otra vez, obtendrás el mismo resultado. Recuerda lo que dijo Albert Einstein: «locura es hacer lo mismo una vez tras otra y esperar resultados diferentes». Si aún no consigues esos 117,19 euros, tienes que cambiar de actividad —o la manera en que la ejecutas—, ya que lo que haces no te produce los resultados deseados.

Los millonarios saben cuánto deben cobrar por su hora, por eso generan más riqueza, en cambio, la mayoría espera que otro ponga precio a ella, adquiriendo serios problemas financieros. Si no sabes cuánto debes ganar, pronto te endeudarás, pues para tu estilo de vida necesitarás más dinero, el cual saldrá de tarjetas de crédito, préstamos o similares.

Ahora que ya conoces el costo de tu hora, deberás buscar cómo obtenerlo. Por supuesto, este libro te ayudará en esa tarea.

LO QUE LOS MILLONARIOS SABEN Y EL RESTO NO

La extendida idea de que el éxito echa a perder a las personas haciéndolas vanas, egoístas y auto-complacientes es errónea; por el contrario, las hace, en su mayor parte, humildes, tolerantes y amables. El fracaso hace crueles y desagradables a las personas.

William Somerset Maugham

Constantemente escucho esta queja: «el dueño de la empresa donde trabajo no tiene estudios universitarios ni sabe nada, ¡no entiendo por qué está al mando!», ¿a qué crees que se deba? Existen varias explicaciones, una de ellas, es que la educación formal no te convertirá en millonario. Muchos millonarios han llegado a serlo sin haber terminado la educación básica, ¿por qué lo han logrado sin tener una educación «formal»?

Jeff Pearce, un millonario británico, es disléxico, por ello desertó de la escuela cuando era niño, él refiere que «Palabras simples como 'gato' yo no las podía aprender. Las leía y después de diez minutos las deletreaba al revés. La profesora creía que sencillamente era necio y quería hacerme el chistoso, todo porque los chicos se reían. Me ponían un gorro y me dejaban mirando hacia la pared», eso lo orilló a abandonar la escuela.

Comenzó a acompañar a su madre quien trabajaba en pequeños mercados ayudando a los comerciantes, él se ofrecía a realizar pequeñas tareas a cambio de un poco de dinero. Aprendió que el comercio le ofrecía una oportunidad de ganar más dinero, comenzó a vender ropa de segunda mano en Liverpool, pronto tenía su propio negocio y en la juventud ya contaba con una pequeña fábrica de ropa.

¡Lo más interesante de Pearce es que no había aprendido a leer o escribir! Se casó joven y encontró en su esposa una socia y cómplice, ella lo ayudaba a leer los contratos y escribía lo que necesitaba.

Aunque su profesora, cuando era niño, le afirmó que «nada le iba a salir bien en la vida, que era un desperdicio y que había sido una pérdida de tiempo enseñarle», se las ingenió para ganar más dinero del necesario.

Pearce tenía decenas de personas trabajando para él, con más preparación académica, entonces, ¿es la educación «formal» la solución a la pobreza? ¡Por supuesto que no! Pero eso nos han hecho creer.

Este caso no es el único, conozco muchos millonarios sin educación básica que lograron considerables fortunas y también pobres que tienen estudios universitarios y están esperando una «oportunidad».

He notado que cuanto más permaneces en una escuela, más expuesto estás a ser pobre, esto se debe a muchas situaciones. Una muy importante es que escuchas diferentes creencias, de tus profesores y compañeros, los cuales te enseñan a buscar un empleo que te ayude a vivir decorosamente, aunque esto no funcione en la práctica.

No afirmo que abandones la escuela si aún permaneces en ella, pero sí que tengas cuidado de las creencias de otros. Procura no hacerlas tuyas, cuestiónalas y crea varias propias.

Pearce buscó cómo ganar dinero y encontró la forma, sin importarle el «qué dirán», eso es lo que hace un millonario, hace oídos sordos a la crítica soez de los demás, en cambio, el pobre escucha todo lo que otros afirman, pareciera que necesita el consenso de la mayoría para actuar.

El millonario es un rebelde, construye sus propias reglas y las sigue, no espera que otro le diga cómo actuar, él construye su propio camino y lo recorre, sin miedo a fracasar, ya que sabe que puede usar la práctica del ensayo y error como una forma de aprender. La educación castiga ese tipo de aprendizaje, para muchos profesores el ensayo y error es una práctica que no es aceptable.

Por eso millones de personas salen de la universidad y comienzan a tener problemas económicos, no se arriesgan y sus creencias son tan fuertes que no se animan a fundar sus propias empresas.

También les influye el «qué dirán», conozco varias personas que exigen que se les diga «licenciado» u otra denominación académica, porque afirman que les costó trabajo obtener su título, **al millonario no le interesan los títulos ni el reconocimiento, le interesa obtener más dinero**.

En capítulos anteriores te decía que el pobre y el de la clase media adquiere cosas para ser aceptado por los demás, ellos se encaminan a la pobreza por ese deseo de reconocimiento, el millonario se encamina a ser billonario porque no le interesa ser admirado o reconocido.

Por eso realizará diversas actividades, aunque no correspondan al grado de estudios. Los pobres y clase media, se encasillan en aquello que se titularon en la universidad o han desempeñado por años, si su papel universitario dice «licenciado en arquitectura», se dedican a diseñar casas, si han sido zapateros, se dedican a ello, aunque no haya suficientes oportunidades de trabajo.

El millonario está alerta para encontrar oportunidades de negocio, aunque no correspondan a sus estudios o actividad inicial, el pobre y el de la clase media, no quieren dejar su campo de acción, pues están acostumbrados a él. La zona de confort es peligrosa, por eso, si deseas tener mucho dinero, debes alejarte de ella. Haz cosas diferentes, sin importar si son relacionadas a tu actividad actual o tu profesión.

Conozco un millonario que estudió una licenciatura en educación, pero ha sido propietario de centros nocturnos, compañías inmobiliarias, locales de venta de automóviles y más negocios que no tienen nada que ver con su preparación universitaria. Donald Trump, el multimillonario estadounidense, tiene hoteles, campos de golf, ha incursionado como conductor en un programa televisivo, es autor de varios libros, tiene una línea de ropa y ¡hasta una marca de agua embotellada! Nada lo ha detenido para hacer lo que ha querido y ganado lo que se ha propuesto.

Si realmente deseas atraer la riqueza no debes encasillarte en un área determinada, el dinero está en todas partes, esperando que alguien sin creencias limitantes vaya por él.

El pobre y el de clase media se conforma con lo que tiene, no incursiona en nuevas áreas y se mantiene por años en una actividad que le genere lo suficiente para sobrevivir, el millonario busca más, se arriesga y obtiene lo que desea.

Si realmente deseas atraer el dinero, debes cambiar tus creencias limitantes y aventurarte a nuevos territorios, verás que encontrarás cientos de oportunidades de negocio.

Como puedes darte cuenta no necesitas ser experto para ganar dinero en lo que te propongas. Muchos suponen que tienen que dominar ciertas áreas y a partir de ahí buscar las oportunidades, pero no es cierto, puedes contratar expertos en diferentes disciplinas y valerte de su conocimiento. En mi equipo tengo diseñadores gráficos, expertos en mercadotecnia, fotógrafos y más personas versadas en distintas áreas, quienes me ayudan con mis proyectos, si cambio de actividad, contrataré a otro tipo de profesionales.

Otro componente clave para la atracción de riqueza es la adopción sin excusa de la disciplina.

Pregúntale a cualquier rico sobre su secreto para hacer dinero y muy probablemente te dirá que es la disciplina. Observa a un pobre y verás que no es disciplinado.

Muchos podrían afirmar que en la escuela se educa en la disciplina, pero es una gran mentira. La escuela, como te he mencionado, impone ciertas reglas, las cuales no acepta el estudiante. ¿A ti te agradaba ir a la escuela cuando eras adolescente? Probablemente asistías por estar cerca de tus amigos pero no por lo que aprendías en ella.

A mí no me agradaba asistir a la escuela secundaria, lo que «aprendía» allí no me estimulaba lo suficiente. La clase de química nunca fue en un laboratorio, por tanto, mis compañeros solo repetían sin cesar las fórmulas, sin comprenderlas. Yo fui afortunado, en mi casa tenía un pequeño laboratorio de química, biología y física, con lo que aprendí mucho más que en la escuela. Es un hecho que experimentando se aprende más que solo leyendo.

¿Cómo podían ser millonarios mis compañeros si les educaban la memoria y no les permitían observar los fenómenos químicos, biológicos y físicos? Ya lo sabes, solo se les estimuló el cerebro reptil y límbico.

Desafortunadamente esto sigue ocurriendo a diario, conozco cientos de escuelas que no tienen laboratorios o si los tienen no los usan. ¿Ahora comprendes por qué hay tan pocos que atraen la riqueza?

La máxima de la escuela es obedecer, nunca experimentar, pues esto llevaría al cuestionamiento, actividad expresamente prohibida en la escuela, siempre será mejor una persona que obedezca a alguien que cuestione la autoridad.

La escuela educa en obediencia, no en disciplina.

Tenías que llegar a determinada hora, te gustase o no, comprendieras el porqué o no, es decir, solo obedecías, sin que te explicaran el porqué —y para qué—. La mayoría de los estudiantes no son disciplinados y obedecen sin cuestionar, eso provoca que siempre busquen la comodidad, antes del compromiso.

Si no te comprometes, no serás millonario.

Existen millones de personas buscando la comodidad sin ser disciplinados, eso los lleva a serios problemas:

- Deudas.

- Aceptar trabajos indeseables solo por recibir un sueldo.

- Casarse con la primera o primero que se cruzó frente a ellos.

- Y por supuesto, la pobreza.

Si eres disciplinado te exigirás más, pues sabes que te lo mereces, pero si no, buscarás a alguien a quien obedecer, pues no tendrás las directrices necesarias, es decir, no sabrás qué hacer tú solo, siempre necesitarás a alguien que te diga qué hacer (y cómo hacerlo).

¡Los ricos son rebeldes y construyen sus propias reglas!

Si lees sobre la vida de los millonarios te darás cuenta de que se rebelaron ante la autoridad y construyeron su propio camino en el cual anduvieron sin problema alguno.

Por eso no debemos esperar que alguien nos diga qué hacer o nos imponga normas, ¡nosotros debemos construirlas! Si quieres ser rico debes tener tus propias reglas, eso te ayudará a tener disciplina.

Todos los errores citados para alejar la riqueza a tu vida forman parte de lo que yo denomino analfabetismo financiero.

De todos es sabido que los gobiernos en el orbe han luchado contra el analfabetismo, pero solo se han concentrado en la escolarización como herramienta para que las personas aprendan a leer y escribir, dejando a un lado una estrategia integral para dejar la ignorancia atrás. Solo se combate un pequeño espectro del verdadero problema.

Aún no se lograba que el cien por ciento de la población pueda leer y escribir, cuando tuvimos otro problema a resolver: el analfabetismo tecnológico. Millones de personas aún no utilizan la tecnología para su beneficio, viviendo en una época de oscurantismo tecnológico.

Pero tenemos otro problema relacionado, aunque no es nuevo, el **analfabetismo financiero**. Los pobres y clase media no conocen cómo ganar dinero, mucho menos conservarlo, solo un puñado de personas se está capacitando en el tema, volviéndose un docto en las finanzas. Las razones de esto son muchas, tal como he descrito a lo largo de este texto.

Si realmente deseas ser millonario, debes partir del hecho que eres un analfabeto financiero y tienes que volverte un experto en el tema, solo así lograrás alcanzar todas tus metas. Necesitas el coraje suficiente para salir de esa ignorancia, como lo hemos hecho varios.

Desafortunadamente millones de personas están resignados a ser analfabetos financieros, tal es el caso de este joven español, quien escribe en el blog citado anteriormente[6] su pesar:

> Tengo 33 años y soy un nuevo pobre. Empecé a trabajar cuando tenía 16 años, compaginando los estudios de bachillerato y el trabajo. Con 19 años aprendí el oficio de matricero enseñado por mi abuelo materno que tenía un pequeño taller de matricería y estampación metálica. Trabajé con él hasta que murió el año 2002, con 22 años pensé que no estaba preparado para ser empresario, así que fui a trabajar para una multinacional del sector. Estuve allí dos años en los que hice méritos como inventar un sistema neumático que esta empresa patentó y que me gratificó de forma escasa (porque no decirlo). El último año que estuve allí me convertí en pluriempleado; de 6 a 14 horas trabajaba en esta empresa y de 15 a 21 horas en otra. En el año 2004 abrí mi propia empresa dedicada a la matricería, trabajé mucho, con muy poco capital, me junté y tuve una hija. Patenté accesorios metálicos, fui proveedor de las firmas más importantes de automoción. Hasta aquí todo bien. Vino la crisis en 2009, y a la vez me separé. Me hundí. Problemas con mi ex mujer me hicieron gastar el poco dinero que tenía en abogados y psicólogos. Y la coyuntura económica no me permitió reaccionar. Para estar cerca de mi hija dejé perder la empresa y con ella mi futuro.

[6] https://elsnouspobres.wordpress.com/.

Ahora soy asalariado. Tengo un buen sueldo, unos 2.000 euros al mes, pero tengo el sueldo embargado por deudas con la seguridad social a las que les tengo que sumar la manutención de mi hija y los créditos que pedí para la empresa que ya no tengo. Se puede decir que se va el 80% del sueldo. Vivo con mi abuela y veo el futuro muy negro, de hecho, siempre había sido una persona muy positiva y de golpe, entre la economía, los jueces y la ex mujer, siento que me han dado una estocada de muerte difícil de superar. Los próximos diez años pintan muy negro.

Como puedes darte cuenta, este joven tuvo muchos desaciertos, producto de ese analfabetismo financiero:

- Aprendió un oficio que le diera dinero, nunca cómo funcionaban las finanzas.

- Ocupó todo su tiempo en trabajar para otro, nunca en sí mismo.

- Al tener un sueldo «seguro», buscó una pareja y vivió con ella.

- Nunca se capacitó como empresario, solo montó su empresa.

- Adquirió deudas, que le dejan con lo mínimo.

Este relato es muy común en la actualidad y miles se irán uniendo a las estadísticas en los próximos años, la solución es simple: **capacitarnos en finanzas**.

La preparación académica no es la solución, lo es integrar a las escuelas temas de finanzas y creación de empresas.

Aquí está otra historia similar, del mismo blog, de una mujer:

Hace tiempo que tengo esta certeza de que mi generación, la de los 80, es una generación perdida. Todas nuestras historias se parecen: empleo precario (cuando los hay), pisos de tres habitaciones donde viven seis, volver a casa de los padres, emigrar, buscar becas.

Tengo 24 años. Soy pobre y soy maestra de profesión, hablo inglés y algo de francés. Me gusta estudiar, bueno, me gusta aprender.

Soy inquieta por naturaleza y empecé a trabajar cuando hacía bachillerato, primero en un restaurante y luego ya en la universidad y fuera de casa de los padres, hacía media jornada en una tienda. Gracias al magnífico sistema universitario tuve que dejar el trabajo para poder hacer las prácticas y terminar la carrera, nadie movió ni medio dedo para que pudiera compaginar los estudios con el trabajo. Pero estaba decidida a terminar los estudios y dejé el trabajo (¡inconsciente de mí!). Nueve meses después, con el título en la mano, se me acabó el paro y no tenía derecho a ninguna prestación. En casa pagábamos 550 euros de alquiler, mi marido es mileurista[7] y yo no encontraba trabajo de nada. Así fue pasando el tiempo y yo me fui hundiendo.

Toqué fondo en septiembre. Pasé por consulta de psicólogos y psiquiatras y nunca acababa de salir convencida. Y entonces un día lo empecé a entender, no me podía sentir bien porque el

---

[7] El neologismo mileurista (surgido a partir de mil euros) se emplea en España para definir a una persona con unos ingresos que no suelen superar los 1.000 euros al mes.

nivel de frustración al que había llegado me superaba, me sentía una inútil total porque todo lo que yo tenía que conseguir, estudiando y trabajando duro tal y como había hecho, se había ido a pique y yo dependía del sueldo de mi marido. Y es que, cuando te lo quitan todo, incluso te quitan las ilusiones.

Ahora estoy a punto de terminar un máster que pagan mis padres (si no, imposible). He encontrado trabajo a 40 kilómetros de casa, 14 horas a la semana.

El mundo de capitalismo salvaje en el que vivimos nos arrincona para dar más espacio a los ricos que no hacen más que pedir paciencia y esfuerzo por parte de quienes no podemos dar nada más y mientras tanto se niegan a eliminar los sueldos vitalicios millonarios a los altos cargos. La clase política está podrida y debemos saber señalar bien a los culpables de esta crisis.

Como puedes leer, otra vez aparecen las decisiones equivocadas, la falta de preparación en áreas esenciales para mejorar las finanzas personales y el desconocimiento de qué hacer.

El millonario busca quién pague sus deudas y no gasta más de lo necesario, en cambio, los analfabetos financieros adquieren deudas, movidos por un estilo de vida capitalista, solicitando un lugar en una sociedad donde impera el qué dirán sus pares.

Pero, podrías preguntarte, ¿cuál es la solución a este analfabetismo financiero? Simple: **una nueva educación académica es una de las soluciones para evitar la pobreza**.

Como comentaba en las anteriores líneas, la educación académica no ofrece soluciones reales a los problemas actuales, ya que desde el inicio se ideó para controlar a la gran mayoría. Pero hay soluciones, como la escuela activa o, lo que llamo, la educación activa en casa.

La educación activa en casa ayuda a desarrollar integralmente los aspectos cognoscitivos, psicomotrices y afectivos del aprendiz.

Para lograrlo, se podría utilizar:

- El dibujo en los primeros años para expresar emociones, conocimientos, ideas y pensamientos.

- La escritura cuando el niño ya hubiese desarrollado su capacidad motriz. Con ella podría también expresar emociones, conocimientos, ideas y pensamientos.

- Grupos de discusión para analizar los hechos y generar nuevo conocimiento y encontrar diferentes soluciones a los problemas.

- La música para la expresión de las emociones.

- Los distintos tipos de aprendizaje, respetando los de cada uno y estimulando el desarrollo de los que no utiliza cotidianamente.

Aunque hago referencia a los niños, a cualquier edad se podrían realizar estas actividades pedagógicas para comenzar a dejar atrás el rezago educativo que arrastramos en todos los países desde hace un par de siglos.

Imagínate haciendo esto en tu familia o con tu grupo de amigos, sería excelente, puesto que aprenderías a

crear e innovar, además de estimular tu inteligencia emocional y por supuesto la verbal, espacial, matemática, social, etc.

Si lo haces divertido, el aprendizaje será permanente, ¡por eso debes buscar que lo sea! Si elaboras actividades a partir de la educación activa en casa podrás generar nuevos pensamientos e ideas que te ayudarán a ganar dinero, ya que no solo verás un árbol, sino todo el bosque.

Este tipo de educación se basa en la observación, la crítica, el análisis y la búsqueda de soluciones, todas características que encontrarás en los millonarios, por eso te invito a que la adoptes en tu casa, así dejarás de ser un empleado para ser un empleador.

DESARROLLA UNA FILOSOFÍA DE VIDA, Y SÍGUELA SIN EXCUSA ALGUNA

Aquel que mira hacia afuera; sueña. Aquel que mira hacia adentro; despierta.

Carl Jung

Si investigas sobre la vida de las personas con éxito descubrirás que cada una de ellas tiene ciertas normas o reglas que siguen sin dudar, tal vez las heredaron de sus abuelos o las escucharon de otra persona de éxito y las observan en todo momento. Esos estatutos que rigen su vida, y los acercan al éxito, yo los llamo **filosofía de vida**.

Por ejemplo, el inversor estadounidense Warren Buffett —quien por cierto ha compartido en decenas de entrevistas muchas de sus normas—, defiende que «no vale la pena hacer bien lo que, para empezar, no vale la pena hacer». Esta simple regla fue adoptada por el empresario y millonario mexicano Carlos Slim, siendo su principal máxima, al igual que la de otro empresario estadounidense, Benjamin Graham; «mucho más importante que saber cuándo comprar o cuándo vender, es saber cuándo no comprar». El mismo Slim sigue sus propias reglas, una de ellas dice textual: «el dinero que sale de la empresa se evapora, por eso reinvierte las utilidades».

Esta filosofía de vida les ha permitido a los millonarios adquirir su riqueza, por eso tienes que tener la propia.

En mi caso uso varias normas de distintos millonarios, además de algunas que he construido a lo largo de estos años, te comparto parte de mi filosofía:

- Delega tareas, supervísalas y aprende de aquellos que las ejecutan.

- Gasta poco, gana mucho dinero.

- Descubre qué es un gasto y qué una inversión.

- Observa todo y no pierdas detalle.

- Pregunta, pregunta y pregunta.

- Investiga hasta que no tengas dudas sobre un tema.

- Lee sobre temáticas referentes a negocios, riqueza y éxito a diario.

Estas reglas las sigo a diario sin excusa alguna, incluso cuando estoy descansando o en otros lugares de vacaciones. Tu filosofía de vida no es una moda o algo que sigues un día sí y otro no, si deseas tener éxito, tienes que apegarte a ella en todo momento, así lograrás triunfar después de algún tiempo.

Otra regla que sigo sin dudar y que siempre me escucharás recomendarla en mis seminarios y conferencias es «todo lo que adquiero debe darme dinero o por lo menos no me lo debe quitar», con ello me refiero a cualquier cosa que compro o acepto, debe proveerme riqueza o no quitarme un euro del bolsillo, si pudiese hacerlo, evito adquirirla.

Por ejemplo, la computadora que adquiero para mi trabajo, me proporciona ganancias de inmediato, ya que escribo libros, dicto conferencias a través de Internet, seminarios, manejo mis negocios en la red y más actividades que me dan dinero, ella trabaja a veces las 24 horas del día y todo el año y como te he comentado, cuando tengo algún tiempo con ella —y ya amorticé su costo—, la vendo en subasta, obteniendo aún más dinero. Mi computadora se paga desde el primer mes, ese es el objetivo, lo demás es ganancia. Algunas de ellas han terminado con el teclado completamente desgastado por tanto uso, pero ese es su objetivo: usarlas para obtener más dinero. Podría tener dos computadoras, tres o más, pero solo necesito una para trabajar, la que amortiza su costo rápidamente, esa máquina me proporciona dinero y no me lo quita.

Cuando deseo adquirir algún producto o servicio, siempre tomo en cuenta esta norma, analizo si me dará dinero o me lo quitará, si es lo primero, lo compro, si no, lo olvido. Un ejemplo más, como soy un ávido lector, siempre que voy a una librería a comprar textos, elijo solo aquellos que me darán dinero o no me lo quitarán, por eso elijo sobre negocios, mercadotecnia, aprendizaje, salud o similares. Aunque me fascina el cuento o novela, prefiero decirles a mis amigos y familiares que me los regalen en mi cumpleaños o Navidad, aunque no lo creas, funciona. Recuerda que es mi norma y la sigo sin dudar.

Por supuesto, a veces tomo un par de malas decisiones y adquiero algunos productos o servicios que me quitan dinero, pero tendría más errores si no siguiera esta simple regla.

Otra norma que sigo sin dudar es valorar mi tiempo y defenderlo siempre. Recientemente me preguntaban cómo podía escribir tanto e impartir diversos seminarios al año, les respondí inmediatamente esto: poseo bastante tiempo. Como lo tengo, puedo pensar, escribir y, por tanto, crear, pero si otro fuera dueño de mi tiempo, no podría hacer nada de esto. Ganar dinero con tu tiempo y cómo adquirir el tiempo de otros, son temas que te explicaré más adelante.

La filosofía de vida es el manual de instrucciones que te muestra cómo debes actuar y cuándo tienes que hacerlo, por eso te recomiendo tenerla. Construye la tuya con las normas de otros y crea las tuyas, esas que se adapten a tus necesidades y situación actual, por supuesto no es estática, va evolucionando conforme pasan los años y vamos modificando nuestros hábitos.

Una mujer que admiro, Mary Kay Ash, quien fuera una de las empresarias estadounidenses más influyentes hace unos años y fundara la compañía de cosméticos que lleva su nombre, tenía varias reglas que puedes hacer tuyas, entre ellas:

- Observa la regla de oro: «Trata a los demás como deseas ser tratado».

- Encuentra tu talento y explótalo.

- Controla tus temores o ellos te controlarán a ti.

- No des falsas esperanzas, di la verdad siempre.

- Haz sentir importante a todos, a tus empleados, a tus vendedores, a tus clientes, a tus amigos y a tu familia.

- Empuja a la gente para que triunfe.

- La crítica debe enfocarse a lo que está mal, nunca a quien esté haciéndolo mal y nunca debe hacerse frente a todos, tiene que hacerse individualmente.

- Perseverar exige disciplina y planificación.

- El entusiasmo mueve montañas.

- Ten una filosofía de puertas abiertas. Siempre debes estar disponible para tu gente.

- Ayuda a los demás a obtener lo que desean y obtendrás lo que tú quieres.

- Debes ser fiel a tus principios.

- Atrévete a correr riesgos.

- Vas a fracasar, pero tienes que aprender de esos fracasos.

Poseer una filosofía de vida te permitirá crearte nuevos hábitos, además te ayudará a cambiar tus creencias respecto al éxito y la riqueza, reprogramando tu mente y eliminando aquello negativo que te enseñaron cuando niño —ya sabes, todas las personas que te rodeaban, tal vez sin desearlo.

Haz un listado de personajes de la historia que admiras, investiga más sobre ellos, descubre su filosofía de vida y hazla tuya. A partir de lo que encuentres, comienza a crear tu propio reglamento para actuar ante el triunfo o el fracaso.

Esto último es muy importante, debes observar una filosofía de vida todo el tiempo, tal como te lo he mencionado, ya sea que atravieses un periodo de fracasos o tengas una racha de éxitos continuos. Muchas personas tienen ciertas normas para llegar al éxito y las olvidan cuando ya lo tienen, eso no funciona así, esa filosofía de vida te ayudará a conseguir aquello que deseas y te permitirá superar los obstáculos, pero también te distinguirá del resto de individuos.

Por eso tal vez hayas escuchado que tal o cual persona, después de conseguir cierto éxito, cambio totalmente en su forma de ser y de pensar, lo más probable es que olvidara esa filosofía de vida o incluso no la tuviera.

Insisto, esa filosofía que adoptes deberás observarla todo el tiempo, es cierto que también te he mencionado que puedes aumentar o eliminar ciertas normas, pero seamos francos, con ello no cambiarás radicalmente, solo serán ciertos aspectos de tu forma de ser los que se modificarán, no tu esencia.

Por cierto, las empresas con éxito también siguen un conjunto de normas y procedimientos, las llaman políticas. Ellas les permiten alcanzar lo que se han propuesto.

Para construir tus propias normas debes:

- **Identificar los valores con los que creciste, los que has adquirido durante tu vida y los que te hacen falta.** Las personas que te rodean te han aportado ciertos valores, ¿cuáles son útiles para atraer la riqueza? ¿Cuáles deberás observar? ¿Cuáles tienes que adquirir?

- **Reconocer tus éxitos en la vida y cómo los conseguiste.** Analiza todos, aquellos obtenidos con la familia, en tus relaciones interpersonales, en tus estudios y trabajo.

- **Elaborar tu definición de riqueza.** Para crear una definición de riqueza, identifica por qué deseas ser rico y a partir de ella construye los valores que deberás seguir para que posteriormente confecciones tus propias normas.

NO COPIES, MEJORA EL PRODUCTO O SERVICIO

La vida comienza en donde
termina tu zona de confort.
Neale Donald Walsh

Gary Dahl, un ejecutivo de publicidad estadounidense, se encontraba en un bar escuchando a sus amigos quejarse de sus mascotas, entonces tuvo una gran idea: **vender una piedra mascota**. Aunque creas que no tuvo éxito vendiéndola, sí lo tuvo.

En unos meses Gary era millonario gracias a la piedra mascota.

Por supuesto muchos intentaron copiarle, pero no tuvieron resultados, la razón es simple: **no mejoraron su idea, solo copiaron el resultado**.

En todos mis libros y seminarios te invito a darte cuenta del proceso, es decir, todo lo que ocurre detrás del éxito. ¿Qué hizo Gary para obtener al menos un millón de dólares? Algo muy sencillo pero poderoso, realizó algunas acciones certeras, entre ellas:

- Buscó las mejores piedras de río y las pintó de tal forma que fuesen graciosas.

- Diseñó una caja para venderlas, la cual mencionaba los beneficios de tener una piedra mascota. Ésta también servía para transportar a la piedra mascota, con la paja y los agujeros de respiración como si fuera una mascota viva.

- Incluyó en la caja, unas instrucciones detalladas de cómo debían cuidar a la piedra mascota y cómo entrenarla, con un título sugerente: «El cuidado y el entrenamiento de su piedra mascota».

- Promocionó su producto en una feria del regalo en Estados Unidos, donde acudían cientos de dueños de tiendas de recuerdos y de regalos. Ellos le compraron cientos de mascotas para venderlas con sus clientes.

- Pagó publicidad en diversos medios.

- Su idea se materializó en diciembre de 1976. Como ya sabes, en Navidad se venden más regalos que otras fechas.

Date cuenta de que él logró vender su producto gracias a todos estos pequeños detalles, los cuales fueron decisivos para el éxito de su piedra (la cual ya no era una simple roca, sino que se convirtió en una mascota, una parte fundamental de la familia).

¿Por qué menciono todo esto? Porque **millones de personas suponen que el éxito de una empresa o individuo se debe a una idea, pero no es así, se debe a las acciones que siguen después de haberla elucubrado.**

Por eso miles de empresas quiebran cada año, solo copian el concepto de otras que son exitosas, intentando lograr los mismos resultados, pero nunca lo lograrán porque desconocen esas acciones que han ejecutado las triunfadoras.

Ese es un grave problema de muchos países, si alguien descubre que otro tiene un concepto rentable, lo copia, pero no analiza su sistema, entonces no obtiene los resultados esperados.

Puedes observar el éxito de una empresa e investigar cómo lo hizo para mejorarlo, pero nunca copiarlo tal cual.

Analiza todos los pasos que llevaron al éxito a un producto o servicio, entonces mejóralos.

El éxito de la piedra mascota puede ser mejorado. **Si tomamos cualquier producto, lo envasamos apropiadamente y le hacemos un adecuado marketing, seremos capaces de venderlo a un buen precio**.

Si has asistido a mis cursos o leído alguno de mis otros libros, sabes que no creo que existan inventos, pero sí innovaciones, es decir, no se crea nada de cero, solo se perfecciona un producto o servicio.

Haz una pausa en esta lectura para observar todo a tu alrededor. Ubica un objeto, el que más te llame la atención en este momento. ¿Qué productos lo anteceden? Por ejemplo, yo tengo una cámara digital profesional frente a mí, su antecesora fue la cámara mecánica de película fotográfica, la precursora a su vez fue la cámara de fuelle, con una placa fotográfica, la abuela de esta fue la pintura y hasta aquí vamos a dejar este recuento.

Para crear cualquiera de estas cámaras, tuvo que haber una persona que se diera cuenta de las necesidades de las personas, lo que querían y preferían, entonces comenzó a preguntarse qué hacer y cómo ejecutarlo, posteriormente crearon un objeto único, diferente, que pudo ser mejorado por otras personas. Obviamente, esta actividad les produjo riquezas.

Siguiendo con el ejemplo de la cámara, Charles y Vincent Chevalier, optómetras franceses diseñaron una cámara fotográfica de madera con un lente sencillo, que mejoró el escritor alemán Johann Zahn, pero fue el estadounidense George Eastman quien creó el rollo fotográfico, acercando la fotografía a los consumidores. A partir de la creación de los dispositivos de almacenamiento digital, la fotografía comienza su transición hacia lo digital. ¿Hasta ahí se ha llegado? Por supuesto que no, en unos años veremos nuevos tipos de cámaras, que guarden los archivos en sitios de Internet.

Todo está en constante cambio, pero pocos están haciendo algo para no quedarse rezagados. En la fotografía, la empresa Polaroid no quiso cambiar su esquema de impresiones instantáneas y se declaró en quiebra hace años, cuando la fotografía digital se hizo popular.

Si deseas tener éxito, tienes que innovar, no copiar. Conozco cientos de personas que en cuanto se dan cuenta de que un negocio funciona, abren uno similar enfrente, con ello solo hacen que ambos propietarios pierdan dinero. Pero si innovaran, aumentarían sus ganancias exponencialmente. ¿Por qué crees que los innovadores generan millones de dólares? Si te enfocas en innovar, ponto conseguirás atraer la riqueza.

Aunque supongas que todo está creado, no es así, siempre habrá más productos o servicios que se tienen que mejorar, así como la cámara fotográfica. ¿Qué producto o servicio podrías mejorar? Observa tu entorno y reflexiona sobre qué puedes innovar.

Los empresarios utilizan una herramienta muy útil para ello, la llaman ingeniería inversa. Ésta consiste en obtener información o un diseño a partir de un producto, con la finalidad de conocer de qué está hecho, qué lo hace funcionar y cómo fue fabricado.

Esta práctica ha sido muy socorrida y puedes hacer uso de ella también para mejorar tu producto o servicio.

¿Recuerdas a la piedra mascota? Para darme cuenta de las acciones de Gary tuve que analizar el porqué funcionó esa idea, entonces descubrí los puntos clave que llevaron al éxito a su creador, es decir, hice ingeniería inversa con su proceso de distribución y, por supuesto, venta.

Los demás solo copiaron el producto, pero no analizaron —ingeniería inversa— el porqué se vendió, eso les hubiese permitido conocer cómo emular su éxito.

Henry Ford usaba esta técnica continuamente. En una ocasión estaba en un circuito de carreras, cuando un auto francés que era muy veloz, patinó y se estrelló contra las barreras de contención quedando completamente destruido, Ford se aceró a los restos para tomar varias partes, que se llevó a su empresa para analizar. Después de preguntarles a muchos ingenieros cuáles eran los materiales que usaron para la aleación y no obtener respuesta, siguió preguntando a otros expertos, hasta que le revelaron el principal componente: un metal de origen francés al que se le había añadido vanadio. Entonces buscó a una fundidora que le hiciera este nuevo tipo de aleación, encontrándola en Inglaterra, mejorando sus automóviles y convirtiéndose en la única opción frente a sus competidores más cercanos.

Ford, al usar la ingeniería inversa en esa ocasión, respondía a otra de las preguntas clave para llegar a una solución: por qué es como es.

También es sabido que enviaba a sus trabajadores a comprar algunos automóviles, los desarmaba y se daba cuenta del porqué funcionaba como lo hacía, además del porqué se vendía, eso le permitió vender miles de autos con grandes mejoras para su época.

Si él pudo hacerlo, tú también puedes, así tendrás riqueza ilimitada.

LOS MILLONARIOS CREAN SISTEMAS EN SUS NEGOCIOS

Cuando el objetivo te parezca difícil, no cambies de objetivo, busca un nuevo camino para llegar a él.

Confucio

Los millonarios están creando sistemas en sus negocios, los pobres y la clase media buscan trabajo, ¡aunque sean dueños de su trabajo!

Presta atención a lo siguiente y lee con calma estas líneas porque te mostrarán algo que pocos conocen.

Sergio ha trabajado desde los 20 años como empleado en una franquicia farmacéutica muy conocida en su ciudad, ahora que cumplió 28, está listo para decirle adiós a su empleo. Durante estos años detrás del mostrador, surtiendo recetas diariamente, soñó despierto con tener su propia farmacia, un pequeño establecimiento que fuera de su propiedad, esto ya no es un sueño. Gracias a que ahorró, ha adquirido los muebles, su inventario, pagado el permiso y rentado el local.

Es su primer día en su negocio, lo abre a las nueve de la mañana porque considera que es una buena hora para recibir a sus clientes, lo cerrará a las nueve de la noche, aunque tenga que comer en el local, ¡en unos meses podrá contratar a otro y entonces saldrá a comer a un restaurante!

El primer día pasa y los clientes no llegan. Otro día y varias personas se vuelven a ver su reluciente negocio, pero nadie entra. Una semana y tiene muy pocos clientes, él es optimista y confía en que le irá mejor.

Efectivamente, a la segunda semana ya tiene más clientes, ahora su empeño está dando frutos.

Como le va mejor, decide contratar a un ayudante, ahora sí puede ir a comer a su casa tranquilamente todos los días. Todo va bien hasta que algunos de sus clientes se quejan de la atención de su empleado, entonces decide que tiene que vigilarlo. Está con él durante todo el día, aunque no salga a comer.

¿Dónde está el error de Sergio?

El principal, y de ahí se desprende su futuro fracaso empresarial, consiste en que **consiguió otro empleo**. Aquellas personas que no están preparadas para ser empresarios se buscan empleos y no construyen empresas.

Es un error muy común, y, por tanto, son los millones los que caen en él.

Ahora no tienen tiempo para su familia, para sus amigos y para ellos mismos, tampoco podrán aumentar sus ganancias, puesto que tienen una mente de empleados, no de empresarios.

Sus antiguos jefes no eran empleados, por eso no estaban en la farmacia, ellos se dedicaban a construir un sistema que les proveyera de dinero ilimitado, pero Sergio buscó otro empleo, donde él fuera el jefe. Ser su propio patrón parecería atractivo, pero le está quitando tiempo, energía y dinero.

Los dueños de la farmacia donde él laboraba anteriormente buscaron a alguien que les vendiera una idea para explotarla (adquirieron un modelo de franquicia), les enseñara cómo administrarla, compartiera los gastos de publicidad, le enseñara cómo contratar personal y les mostrara cómo ganar dinero, Sergio solo buscó otro empleo donde obtuviera un poco más de dinero.

Esto está pasando a diario, muchas personas están auto-empleándose para ganar más dinero, pero no se dan cuenta de todos los problemas que conlleva. Estos son solo algunos:

- Si se enferman o están indispuestos, su negocio no funcionará y, por tanto, no obtendrán ganancias.

- Trabajan mucho más que cuando eran empleados.

- Tienen pocos ingresos (más que siendo empleado, pero menos que si fuera empresario).

- Si tienen malas decisiones financieras, perderán todo su dinero (así es, TODO).

El primero es fundamental. Si Sergio enferma, no podrá trabajar, entonces no recibirá dinero. Sin darse cuenta, él se consiguió otro empleo, con más responsabilidades del anterior y con menos futuro si sigue así.

Adquirir una franquicia es solo una opción para tener un sistema, pero existen más, como el multinivel, la distribución o crear tu propio sistema para generar riqueza.

Constantemente me piden que los asesore dueños de pequeños negocios, y siempre recomiendo lo mismo para comenzar: **deja de ser un empleado y conviértete en empresario**.

Ahora te toca a ti. Si quieres tener dinero ilimitado, debes dejar tu mentalidad de empleado, este libro ya te ha ayudado bastante, ahora necesitas investigar más y poner en práctica lo aprendido.

Un empresario tiene personas trabajando para él, pero mejor aún, **tiene una empresa trabajando para él**, en cambio, los autoempleados están trabajando para su propio negocio.

Si ellos enferman, su negocio no les proporciona dinero, como ellos tratan de hacer todo, ponto llega el estrés, el desánimo e incluso las enfermedades, ya que están trabajando para el peor jefe que han tenido: ellos mismos.

Se exigen mucho y se consienten poco. Como desean más dinero, olvidan dedicar tiempo para pensar en cómo mejorar su negocio, en cambio, dedican muchas horas trabajando duro, pero no inteligentemente.

No tienen vacaciones, ya que descansan poco, prefieren trabajar muchas horas para obtener riquezas, pero no se han dado cuenta de que si crearan un sistema, podrían ganar más dinero en menos tiempo, más dinero con más personas.

No sabes cuántos autoempleados me dicen «no contrato personal porque me van a robar», o «si contrato a alguien, me robará mis ideas y mi forma de ganar dinero». Entonces prefieren seguir trabajando solos o supervisando a otro, cansándose y hartándose rápidamente de su estilo de vida.

Es simple vencer todos esos inconvenientes al contratar personal, pero tienen que saber cómo funciona su negocio, cómo mejorar su funcionamiento y dejar atrás sus miedos —y su forma de pensar de autoempleado.

Crear un sistema te ayudará a crear riqueza, por eso tienes que cambiar tu forma de pensar, aprender, desaprender y volver a aprender, tal como afirmó el escritor estadounidense Alvin Toffler: «Los ignorantes del siglo XXI no son aquellos que no pueden escribir ni leer, son aquellos que no pueden aprender y desaprender y volver a aprender».

Aprende cómo crear un sistema y mejóralo constantemente.

Imagina que vives en una isla próspera, de 100 habitantes, donde todos trabajan en diferentes oficios y no hay hambre ni desempleo.

Eres parte de un grupo de diez pescadores, los que salen todos los días a pescar y les va estupendo. Pero un buen día, uno de tus compañeros descubre la forma de cómo pescar más sin necesidad de esos diez, ahora solo se necesitan dos pescadores, el inventor del sistema y otra persona.

De repente te has quedado sin empleo.

No eres el único, algunos habitantes después de darse cuenta de que ese pescador descubrió ese nuevo sistema, comienzan a idear cómo mejorar su trabajo. No tardan mucho en descubrirlo con semejantes resultados.

En menos de un mes en la isla ya no trabajan 100 personas, sino solo 20. Ochenta están desempleados, incluyéndote.

Como no pueden estar así, todo el pueblo se reúne y comienza a debatir qué hacer, tú no sabes qué hacer, pero entonces se te ocurre proponerles que hagan el doble de trabajo, así tendrán más productos y servicios, entonces tú podrás ir a venderle los productos y servicios excedentes a la isla contigua, es una buena idea y los veinte creativos te aplauden por tu iniciativa.

Pero eres el único, los otros 79 desempleados no quieren hacer nada más, alegando que no tuvieron que hacer eso antes, vivían bien como estaban y enojados dicen que nunca debieron crear esos sistemas para ser más productivos.

La discusión sigue y esos 79 señalan que son mayoría, por tanto, tienen mayoría de votos y pueden decidir qué deberán hacer en la isla.

Sin que puedas hacer nada, tú y los otros 20, pronto lees las nuevas normas en la isla:

1. Nadie podrá crear otro sistema similar.

2. Se aceptará el sistema ya creado, pero los creadores (los 20) tendrán que pagar el 50% por conceptos de impuestos para poder mantener a los 79 desempleados, quienes ahora gobernarán la isla y vigilarán que haya paz entre todos.

Sin dar crédito a lo que han leído, tú y los otros 20 esperan que anochezca y se escapan en los barcos pesqueros hacia otra isla, donde acepten sus ideas sin imponerles reglas semejantes.

¿Crees que esta historia no es verdadera?

Reflexiona sobre ella, te darás cuenta de que tiene mucho que ver con la realidad actual.

Pocos son los que están creando sistemas y muchos los que desean seguir trabajando igual, sin reinventarse ni reaprender.

¿Supones que lo que has aprendido será útil para toda tu vida?

Si es así, te recomiendo que lo analices de nuevo.

En este siglo, **solo aquellos que están dispuestos a reeducarse a sí mismos con poca anticipación, tendrán éxito y adquirirán riquezas**.

Ese gran porcentaje de conformistas nunca avanzará, pues defenderá que ha aprendido algo y no tiene que aprender nada más.

Muchas personas suponen que aprender un oficio o tener un título universitario es suficiente para tener éxito, no se dan cuenta de que eso es insuficiente.

Solo aquel que desarrolla distintas habilidades puede tener asegurada la riqueza.

Hace un par de siglos, una persona aprendía un oficio y solo debía elegir un pueblo donde fuese necesitado, ahora ya no funciona de esa forma. Cualquier persona que desee conseguir mucho dinero, tiene que descubrir qué desean las personas y entonces dárselo.

En lo que resta del libro aprenderás más sobre ello.

LA RIQUEZA ESTÁ EN LA DISTRIBUCIÓN, NO EN LA FABRICACIÓN

El tiempo es tan precioso como lo es el dinero.
Horace Mann

Imagina que tienes una fábrica de cerveza sin alcohol, con costo al público de un euro por botella. La tienda donde la venderán, tiene que llevarse al menos un 40% de ganancia de ese precio, es decir, 40 céntimos de cada una de ellas. Alguien tiene que distribuirla, por tanto, él se llevará otro 20%, 20 céntimos. También debes pagar por el uso y mantenimiento de tu maquinaria, pagar empleados, luz, teléfono y más servicios… Detengámonos aquí… ¿Cuánto ganarás por cada cerveza? Siendo realistas, tal vez unos dos céntimos por cada una.

Podrías alegarme que si vendes un millón de cervezas tendrías 20.000 euros, así es, tu calculadora como la mía nos ha arrojado esa suma, pero, ¿cuánto ganará tu distribuidor? Si gana 20 céntimos por cada una, multiplicados por un millón… ¡200.000 euros!

¿Quién gana más dinero?

Por eso te recomiendo distribuir productos, no fabricarlos.

¿Es incorrecto fabricar productos? Por supuesto que no, solo que se gana más dinero distribuyendo que fabricando. Si aún deseas fabricar algo, no te detendré, pero busca también distribuirlo, o construye una gran red de distribución, así ganarás más dinero.

El objetivo de cualquier negocio es tener utilidades, por eso tienes que saber cómo ganar más dinero. La distribución te dará más de él y te quitará muchos dolores de cabeza.

También podrías diseñar un producto y buscar quién lo fabrique por ti, así solo colocarás tu nombre en él, pero otro pagará por las máquinas para elaborarlo, los empleados y el costo de la producción.

Es lo que hacen muchos supermercados.

Supongo que te has dado cuenta de que varios de ellos ofrecen un producto con su marca, si eres observador, te darás cuenta de que la compañía que lo fabrica es otra. La próxima vez que veas un producto en el anaquel de la marca del supermercado, lee su etiqueta, verás que dice algo como «fabricado por equis empresa para el supermercado ye».

Con esto tienen un producto que compite con los demás, pero sin adquirir maquinaria, contratar más empleados y dedicarle tiempo para elaborarlo. Esto les proporciona dinero y menos preocupaciones.

Ahora estoy escribiendo este libro en una cafetería popular en el mundo, ella no siembra el café que vende, tampoco lo procesa, solo lo compra a los productores, coloca su marca y gana millones de euros por su distribución. Otro inicia el proceso y esta franquicia lo termina, ganando bastante por esa acción.

Hace algún tiempo asesoré a una pareja de jóvenes que deseaba iniciar su producción de camisas, ellos no tenían maquinaria especial, ni un lugar y mucho menos empleados, iban a comenzar su negocio a partir de cero. Cuando les mencioné que no invirtieran su dinero montando una fábrica, sino que buscaran quién les confeccionara sus productos para solo dedicarse a la distribución, se asombraron. No podían creer que les estuviese diciendo eso.

Desafortunadamente, no me hicieron caso, montaron una fábrica que tuvo pérdidas desde el inicio, como no tenían tiempo de distribuir, pronto tenían más producción que ventas, entonces quebraron. Si solo hubiesen hecho lo que les recomendé, otro resultado tendrían.

¿Por qué preocuparte por adquirir maquinaria, tener empleados y producir si otros ya lo están haciendo?

Hace años tuve una distribución de champú naturista de cierta marca. Se vendía bastante bien, y como ya tenía un listado de clientes, decidí tener mi propia marca. En lugar de comprar la maquinaria, las materias primas, contratar personas —incluyendo un ingeniero químico—, pagar la licencia de sanidad, rentar un lugar y demás detalles para echar a andar mi fábrica, busqué una que me fabricara el producto.

Me fue estupendo, porque seguí haciendo lo mismo, distribuía mi propia marca y otro se encargaba de la producción, así podía enfocarme en lo que mejor hacía, ganando mucho más dinero que si tuviera mi propia fábrica.

Hazlo simple como yo y busca quién lo fabrique para ti, entonces solo te dedicarás a distribuir el producto, que será tuyo pero producido por otro, ahorrándote muchos problemas.

Para crear riqueza ilimitada, tienes que aplicar a la distribución los métodos necesarios, entre ellos:

- Reducir el costo de manipulado y transporte del producto.

- Automatizar.

- Subcontratar.

- Encontrar quién trabaje para ti a bajo costo o gratis.

- Usar materiales económicos y fáciles de encontrar.

Puedes tener un producto único, pero si no posees una estrategia de distribución, no podrás generar riqueza.

Una de las estrategias consiste en **usar la distribución intelectual**.

¿Sabes qué es la distribución intelectual?

¿No lo sabes? ¡Deberías saberlo! Cientos de compañías se están beneficiando de ella.

¿Por qué tienen éxito las empresas de multinivel? ¿Por qué algunas franquicias se están multiplicando por todo el mundo?

Antes de explicarte qué es la distribución intelectual y el porqué la están usando las grandes marcas —y algunas personas—, lee esto que me compartió un lector de Ecuador:

> Tengo a mi cargo la distribución de un producto maravilloso, es un producto cosmético para la piel, elimina el acné, manchas, paño, celulitis, estrías y cicatrices, realmente funciona, pero he tratado por todos los medios de comercializarlo, he volanteado, he publicado en internet, he publicado anuncios en prensa escrita y no funciona, el asunto es el siguiente; ya no tengo dinero, estoy casi en bancarrota y tengo el producto ideal, único, de bajo costo... pero no sé qué más hacer...
>
> El producto tiene muchos estudios que avalan su efectividad. Lo he comercializado al por

mayor, pero sin mucho éxito. Es un producto nuevo, no sé qué me falta, pero la verdad es que prácticamente ya no me quedan recursos. Estoy con deudas hasta el cuello y me veo a mí mismo sentado sobre la gallina de los huevos de oro y no puedo coger ni uno solo…

¿Por qué teniendo un producto estupendo no logra elevar sus ventas? Simple, él no ha utilizado la distribución intelectual.

Este término lo acuño un economista y autor llamado Paul Zane Pilzer para referirse a una estrategia estupenda de ventas —y por supuesto de fuente de ingresos ilimitados.

La distribución intelectual consiste en **aprender sobre un nuevo producto o servicio que antes no sabías que existía —o creías que no podías pagar—, después, debes educar a los consumidores para que también lo conozcan y reproduzcan lo aprendido.**

La industria multinivel se ha beneficiado de este concepto durante décadas, ahora tú puedes hacerlo también.

¿Por qué este lector en Ecuador no ha logrado obtener ganancias ilimitadas con su producto? Él me aseguró que estaba comprando mucha publicidad, pero que no le llegaban los pedidos. Tal y como lo mencionó, tiene un producto especial y diferente, pero no tiene ingresos.

Ese es su principal problema: **tiene un producto nuevo y efectivo.**

¿Qué hace una empresa multinivel para vender sus productos? **Invita a miles de personas a usar su producto, así, una vez que lo conozcan y hayan utilizado, ellos lo recomendarán a otros miles de personas.** ¿Simple? ¡Por supuesto!

En la distribución intelectual tú educas a tus consumidores para que ellos a su vez eduquen a los siguientes consumidores. Mi lector **debe enfocarse en educar a sus consumidores**. Puede hacerlo en su página de Facebook, más adelante te hablaré sobre este tema.

También educas a tus vendedores y haces que usen tu producto, ¡solo así tendrás éxito! Cuando compro un automóvil les pregunto antes a los dueños de ese modelo sobre qué opinan de él y cuáles son sus ventajas e inconvenientes, ¡nunca le pregunto a alguien que tenga un automóvil diferente!

Los vendedores de automóviles en las agencias automotrices no son propietarios de aquello que desean vender, ¡por eso no conocerán todo sobre él! Es más, algunos ni siquiera tienen auto, ¿podrán convencer realmente al cliente? Sí, lo convencen, pero podrían hacer más si condujeran al menos uno de los que venden.

Siempre destacaré que **es mejor mostrar los beneficios que las características de tu producto, pero si tú no lo utilizas, no conocerás realmente cuáles son sus beneficios**, o sus errores.

Debes usar el producto o servicio que están vendiendo, solo así podrás convencer a tus consumidores, **ya que tú estás convencido**.

Los vendedores se han convertido en expertos recitando las características de los productos o servicios, pero desconocen sus beneficios. Y nunca los conocerán si no son usuarios.

Esa es la ventaja del multinivel, **sus vendedores son los usuarios de los productos, entonces no dudan en comunicarles lo observado a sus clientes**.

Si deseas tener éxito en tu proyecto y tener dinero ilimitado, tienes que utilizar la distribución intelectual.

Usa tu producto o servicio, experimenta con él y modifícalo como lo haría un cliente, solo así podrás vender ilimitadamente.

También tienes que escuchar al cliente y disiparle todas sus dudas, ese es un elemento clave en la distribución intelectual.

No aprendas todo de memoria, ¡tienes que vivirlo!

Siempre señalo que el error de muchos supermercados es el de tener cajeros que memorizan la atención al cliente, pero no la viven. A ellos los capacitan para recitar de memoria ciertas palabras y ejecutar ciertas acciones, incluso puedes ver en las cajas las instrucciones, algo como esto:

1. Sonríe.

2. Pregúntale si encontró lo que buscaba.

3. Vuelve a sonreír.

4. Pregúntale si necesita una recarga.

5. Agradécele y dile que vuelva pronto.

¿No me crees? La próxima vez que vayas a un supermercado date cuenta de esto.

Si quieres tener éxito con la distribución intelectual tienes que vivir el servicio al cliente, nunca memorizarlo.

No afirmo que esos pasos sean malos, pero no causarían el impacto que buscamos si los recitan sin emoción, esa emoción que produce vivir el servicio al cliente.

Recuerda una situación donde te sentiste bien con la atención que te brindó un proveedor de algún servicio al cliente. Te voy a confesar algo, cuando tenía que hacer tratos comerciales con personal burocrático, comencé a tener una relación interpersonal más estrecha con ellos;

les preguntaba sobre sus hijos, su pareja, sus intereses y más detalles personales, a veces les llevaba un café, incluso una rosa a las mujeres cuando era su cumpleaños, a los administradores les invitaba a mis habanos, en fin, siempre procuré hacerlos mis amigos, ¿y qué crees? ¡Funcionó! Me trataban como si fuese su amigo, siempre me atendían rápidamente y con una gran sonrisa. A los demás clientes los trataban fríamente, pero a mí no.

El cliente le comprará más productos o servicios a aquel que considere su amigo y evitará a aquel que no conozca. Entonces tienes que hacer algo semejante a lo que yo hacía: **trata a tus clientes como tus amigos, así tendrán confianza para adquirir aquello que vendes.**

Te lo vuelvo a repetir: **vive el servicio al cliente, no lo padezcas**. Y si tienes empleados, incúlcales que también lo hagan, verás que todo cambia inmediatamente.

No memorices el servicio al cliente, ¡vívelo!

Lo vivirás si usas tus productos o servicios. Dáselos también a tu familia y pídeles su opinión, descubrirás bastante.

Tal vez ya te hayas dado cuenta de que con la distribución intelectual tienes que **hacerle notar a tu consumidor o cliente que estás contribuyendo a mejorar su calidad de vida cuando usa tu producto o servicio.**

Si logras que tu comprador se pregunte «¿por qué no conocí este producto antes?», tendrás un éxito sin precedentes.

LA TECNOLOGÍA NOS PROPORCIONA DINERO ILIMITADO

La fábrica del futuro tendrá solo dos empleados: un hombre y un perro. El cometido del hombre será dar de comer al perro. El del perro será cuidar que el hombre no toque el equipo.

Warren G. Bennis

Hace unos 50 años, pocos tenían teléfono en su casa, el porqué es simple: era muy costoso el servicio. Tal vez hayas visto fotografías de telefonistas conectando cables, ellas eran las responsables de que un teléfono se conectara con otro. Si intentabas hablar con otra persona en la ciudad, marcabas a la central telefónica, ahí te atendía una amable joven que te solicitaba el número, ella te decía algo así como «espere un momento, lo conecto», tomaba el cable correspondiente a tu línea y lo conectaba con la línea de la persona que buscabas.

Los costos de ese servicio eran altos, puesto que tenían que pagar a las telefonistas, los técnicos, las instalaciones y demás etcéteras. Ahora ya no sucede esto, es un programa informático el que te conecta con otra línea, incluso te permite hacer una llamada con varias personas a la vez.

Como no dependen de las telefonistas, el servicio es más económico y las ganancias son mayores. Además, una máquina es capaz de realizar el trabajo del humano con mayor rapidez y eficiencia. Antes, eran necesarias varias telefonistas para atender a pocos sectores de la sociedad, ahora, un sistema informático hace su trabajo con más efectividad, trabaja las 24 horas del día y los 365 días del año.

Por eso afirmo que la tecnología nos proporciona dinero ilimitado.

Recientemente, encontré en una red social una asociación civil que distribuye zapatos bordados por una etnia de México. Realmente son preciosos sus productos, pero no pueden cubrir la demanda actual, que por cierto, es muy escasa —unos 10 pares al mes—. Esto sucede con las artesanías, al ser elaboradas a mano, tardan mucho tiempo en realizar una, los materiales utilizados son muy costosos , ya que no compran al por mayor y sus ganancias son muy pocas, por eso no podrían tener ganancias ilimitadas.

Podrías decirme que «las artesanías son únicas y nunca podríamos fabricarlas a gran escala» y te doy la razón, solo que es un ejemplo de cómo muchas personas desean ganar dinero con un producto de poca rotación o de muy alto costo de fabricación.

¿Has escuchado que los chinos están fabricando en grandes cantidades artesanías mexicanas? Así es, a ellos les interesa ganar mucho dinero, por eso se han dado cuenta de cuáles se venden más y han diseñado un sistema de fabricación para ellas, entonces se las venden a los mexicanos y así adquieren riqueza.

No dudo que una artesanía es única, incluso yo tengo varias que he adquirido en los lugares que visito por mis conferencias (que por supuesto no son hechas en China) y las tengo en un lugar privilegiado, pero si un artesano desea ganar dinero ilimitado, tiene que crear un sistema y dejar de hacer las cosas como las está haciendo actualmente.

No quiero hacer de este tema una discusión, pero si quiero que te des cuenta de que algo fabricado artesanalmente tiene pocas posibilidades de darles mucho dinero a sus creadores.

Esa asociación civil desea ayudar a la comunidad que fabrica esos zapatos, pero sus esfuerzos serán en vano si no diseñan un sistema de fabricación, distribución y comercialización más eficiente. Sería mejor que montaran una fábrica de otro producto, de gran rotación, así podrían darle bastante dinero a todos, si no, con suerte, solo sobrevivirán unos pocos años.

Esto es lo que hacen los empresarios millonarios, por ejemplo conozco uno que le vende tortillas a los mexicanos que radican en Estados Unidos, pero no tiene un local para esto, tiene una fábrica, que hace ese producto en grandes cantidades que vende a decenas de tiendas de autoservicio, quienes le proporcionan miles de dólares de forma constante.

Aunque afirmo que en la distribución se gana mucho más dinero que en la fabricación, si produces un producto que se venda constantemente (como las tortillas para los mexicanos radicados en Estados Unidos), tienes que utilizar la tecnología para disminuir costos y obtener altas ganancias, solo así podrás tener dinero ilimitado.

Y no nades contra la corriente, mejor úsala para navegar.

La empresa LEGO[8], en el año 2001, comenzó a tener pérdidas económicas, sus icónicas cajas de bloques estaban perdiendo interés entre los niños. Después de varios intentos fallidos por recuperarse, descubrieron

[8] Empresa de Dinamarca que se dedica a fabricar bloques de plástico interconectables de construcción para formar diversos modelos a escala.

que uno de sus proyectos recientes, su juego robótico llamado Mindstorms, estaba siendo copiado por los aficionados, mejorándolo. LEGO tenía que reaccionar de alguna forma, después de un debate entre sus ejecutivos, decidieron algo que sería el ejemplo para otras compañías: **asociarse con los aficionados que estaban mejorando su producto**.

En lugar de demandarlos por usar ciertas partes del juego sin su permiso, los llevaron a trabajar con ellos, para rediseñar su producto.

Esto los hizo preguntarse si sus demás productos podrían mejorarse también. Después de hacer grupos de investigación con usuarios de todas las edades, descubrieron que tenían que fabricar bloques de construcción de películas y juegos de vídeo, además crear sus propios juegos de vídeo de sus populares bloques.

Otra compañía, Microsoft, la creadora del videojuego Halo, descubrió que algunos usuarios estaban realizando una serie en vídeo del juego, que llamaban machinima[9]. Usaban los escenarios y los personajes del juego, le agregaban audio y otros elementos gráficos para realizar cortometrajes e incluso películas. En lugar de demandarlos por estos actos, visitaban sus páginas donde colocaban sus creaciones y leían los comentarios de los que descargaban sus producciones. Así pudieron mejorar ese videojuego en las versiones posteriores.

Analiza lo anterior. Si estas compañías hubiesen demandado a los usuarios, podrían haber ganado y obtenido unos cuántos miles o tal vez millones de dólares, pero al hacerlos trabajar para ellos, tuvieron ganancias multimillonarias.

---

[9] Término que se refiere a la creación de animaciones utilizando videojuegos.

Si escuchas a tus usuarios, podrás tener ganancias millonarias, pero si además logras que trabajen para ti, obtendrás muchos más millones.

¿Cuántos se quejan por la piratería? Miles de empresas, pero no se han dado cuenta de que si su producto es copiado ilegalmente, es que tiene una excelente calidad, ahora tienen que saber cómo sacar el máximo provecho de esa situación, así como las anteriores empresas.

No solo las empresas involucradas se han visto beneficiadas con esas actividades. Por citar un ejemplo, una empresa de software, creó un programa de edición de vídeo para machinimas, obteniendo grandes ganancias.

¿Cómo usarías la práctica de copia ilegal en tu empresa? No te estoy invitando a copiar ilegalmente una obra, tampoco ser complaciente con este tipo de actividad, pero sí puedes preguntarte: ¿cómo puedo aprovechar este aparente problema?

Muchos suponen que se enfrentan a un problema, cuando puede ser una oportunidad, por eso en esta parte del libro te estoy invitando a **no nadar contra la corriente, sino usar la corriente para navegar**.

¿Qué está sucediendo en este momento en tu sector de trabajo? ¿Qué cambios ha experimentado tu negocio? ¿A qué problemas te has enfrentado actualmente? ¿Han copiado ilegalmente tu producto o servicio? ¿Cómo puedes hacer de ese problema una oportunidad?

En mi caso, también tengo algunas audioconferencias, e incluso videos de conferencias, que se distribuyen ilegalmente en Internet, pero al igual que las compañías mencionadas anteriormente, he buscado cómo sacarle el mejor provecho. En los comentarios he descubierto qué es lo que desean los escuchas o lectores, con esa información he escrito más títulos, grabado más conferencias e impartido mejores seminarios, insisto, debemos aprovechar la corriente, no nadar contra ella.

También es publicidad gratuita de mis productos y servicios, tengo clientes que ahora lo son por haberse descargado ilegalmente una conferencia, como les agrada lo que han aprendido, me compran mis seminarios, conferencias o libros.

Nadando contra la corriente solo te cansarás, pero si utilizas la corriente para navegar, llegarás a otros territorios, haciéndote fuerte e invencible, obteniendo ganancias ilimitadas. **«No empujes el río... ya fluye por sí mismo»**, como exhorta el antiguo proverbio chino.

La piratería (o distribución ilegal) no solo significa un delito, analizándolo un poco más, **representa una alta demanda de los clientes** que no ha sido cubierta por el propietario de los derechos de autor o la empresa que distribuye el producto.

Observa lo más vendido en piratería y verás que el producto original tiene serias deficiencias para la distribución o venta directa.

Tomaré por ejemplo uno de mis libros, omitiré el nombre para no cuestionar a la editorial. Este se publicó en otro país en formato papel, los clientes y lectores de mi país comenzaron a solicitármelo, pero la editorial tardaba mucho en surtírmelo, entonces dejaron de pedirlo. La editorial se quejó de bajas ventas, ¿dónde estaba el problema? Clientes potenciales había por miles, pero existía una deficiencia por parte de la editorial. Cuando se digitalizó para venderlo como ebook (libro digital), pronto comenzó la piratería del mismo, no por la forma, sino por la simplicidad, es decir, para adquirir un libro en papel, el comprador tenía que esperar hasta un mes para leerlo, mientras que descargándolo ilegalmente podía leerlo de inmediato. ¿Por qué no lo compraba legalmente? Porque había más trabas, el sistema le pedía muchos datos que le quitaban tiempo y cuando lograba adquirir el ebook, lo tenía que descargar de un sitio muy difícil de entender (lo afirmo porque yo lo compré y descargué para ver el proceso), además estaba en un formato de datos desconocido (el más conocido es PDF[10], pero no usaron este) que requería bajar un software, que a su vez necesitaba un permiso para instalarlo... Yo me desesperé al hacer todo este engorroso proceso, imagínate al lector.

Entonces era más sencillo descargarlo de forma ilegal en dos pasos o tres, en un formato conocido por todos y que podía ser leído en cualquier computadora u ordenador.

Y existían más inconvenientes. En la versión de pago no se podía tener en más de tres equipos, tenía una clave de protección para leerlo (que tenía que ser colocada cada vez que se quería leer) y tampoco se podía imprimir.

Más y más inconvenientes para un producto que debe ser simple.

Cuando adquieres un libro de la forma tradicional (en papel), simplemente vas a una librería, lo pides, lo buscan, te lo entregan, pagas y te vas a leerlo, esto no te quita más de diez minutos... el pago de mi libro, su descarga, la descarga del software, su instalación, entender cómo se usaba y demás detalles me llevó más de media hora.

¿Te das cuenta dónde está el problema?

Por un lado, no hay una gran distribución de los productos, por el otro, se vuelve complicada. Estoy en contra

---

[10] Portable Document Format, por sus siglas en inglés. Significa en español «formato de documento portátil».

de la piratería, pero es más simple adquirirla y no necesita de más habilidades de parte del consumidor.

Ese es un problema que tienes que atender para evitar la piratería.

Hazle simple la experiencia de compra al cliente, las editoriales —en su lucha contra la piratería— están complicando cada vez más el proceso de lectura, entonces sus clientes prefieren descargar sus productos de manera ilegal antes de adquirirlos con ellos.

Otro sector donde la piratería es una opción preferida es en la industria musical. Reflexiona un poco y te darás cuenta de que las descargas ilegales de música suceden por lo mismo: desean tener el producto antes que nadie, sin complicaciones.

No deseo entrar en polémica sobre la piratería —porque existen otros factores— pero deseo concluir estas aseveraciones subrayando que esto sirve para todos los giros comerciales.

Si le haces sencilla la experiencia de compra al cliente, lograrás tenerlo a tu lado. El cliente y consumidor desea adquirir productos y servicios que no le compliquen más la existencia, por eso te eligió, ayúdale en el proceso.

Si te das cuenta de que tu producto está siendo distribuido ilegalmente, en lugar de luchar con la piratería, **busca cómo mejorar tu proceso de distribución**, ahí está el error.

Todo está cambiando, por eso debes buscar cómo modificar tu producto o servicio para adaptarlo al cambio.

En el sector editorial, Apple Inc., en su Apple iBookStore, ya está haciendo algo semejante a lo que hizo en iTunes: **vende capítulos de los libros, así los lectores adquieren solo aquellos que necesitan o desean leer**. Esto podría parecer absurdo, pero podría funcionar.

Permite que te lo repita: **Todo está cambiando** —pero son muchos los que se niegan a cambiar.

En todos los sectores de negocios sus procesos están cambiando.

Recientemente leí una noticia. Sucede que algunas franquicias de comida rápida se dieron cuenta de que muchas personas han optado por una vida saludable, sin grasas o alimentos considerados como «basura» por su bajo nivel de nutrientes, por lo que ahora ofrecerán alimentos saludables además de su oferta actual. Ellos seguirán usando su sistema, solo que ahora se enfocarán a un sector que no habían considerado hace años, con necesidades diferentes.

Para no perder dinero, modificarán algunos elementos de su menú, pero seguirán usando su sistema, aquel que los ha posicionado en un lugar privilegiado en su área.

Esta es una gran estrategia, aunque defiendo la comida saludable, esa estrategia de negocios es estupenda.

Si no ofreces productos o servicios que necesitan los consumidores, nunca obtendrás dinero ilimitado.

HAZTE POPULAR Y DESPUÉS
HAZ RIQUEZA ILIMITADA

*Una vez despertado el pensamiento
no vuelve a dormitar.*

Thomas Carlyle

Recientemente, el negocio de un amigo quebró.

Para mí no fue extraño, ya que desde que comenzó tenía pocas posibilidades de tener éxito. Te menciono el porqué de mi aseveración:

- El local estaba ubicado en un sitio poco transitado.

- Tenía pocos productos a la venta y su producto principal era poco conocido.

- Su nombre comercial era un vocablo náhuatl[11], por tanto, era difícil de recordar.

- No tenía publicidad.

Si tienes un producto poco conocido, debes estar en un lugar con alto tráfico de personas, los transeúntes tienen que conocer las cualidades y los beneficios del producto e intentar que ellos lo recomienden a sus amistades, por supuesto la publicidad es muy importante, **si**

---

[11] Dialecto también llamado «lengua mexicana», utilizado por algunas comunidades de México, ya en desuso.

nadie oye hablar de tu producto, nadie te comprará, así de simple.

Pero la publicidad también tiene que ser inteligente.

No se trata de colocar un póster con las ventajas del producto que vendes, tienes que comprometer a la gente a que se lleve ese mensaje con sus compañeros de trabajo, amigos y familia. La publicidad ya no debe ser estática, sino que tiene que cobrar vida.

Eso es lo que está llevando al colapso económico a muchas empresas que a veces gastan mucho dinero publicitando productos que nadie compra, lo contrario a pequeñas empresas que son todo un éxito en su marca, que administran perfectamente el dinero que está destinado para publicidad.

No soy experto en mercadotecnia, pero si soy experto haciendo dinero, por eso puedo afirmar que la forma de hacer campañas de mercadotecnia tiene que cambiar. Años atrás, algunas empresas internacionales también se dieron cuenta de esto y comenzaron a usar su ingenio en lugar de su dinero.

Hace algunos años, un vídeo en la página de vídeos Youtube tuvo miles de visitas. En él se observa a un niño mexicano tratando de cruzar un río subiéndose a un débil tronco que atraviesa su cauce, pero su travieso primo lo mueve y cae a este. No solo tuvo miles de reproducciones, sino que decenas realizaron sus propios vídeos con marionetas, figuras lego, creaciones de plastilina e incluso personajes de película, lo que aumentó su popularidad en poco tiempo.

Entonces, una empresa que produce galletas, aprovechó esta popularidad para realizar otro vídeo con el niño, donde él toma venganza de su primo invocando a una legión romana que era parte de la campaña publicitaria de esa empresa. No solo fueron millones los que vieron este vídeo, sino que lo compartieron con sus amigos, quienes a su vez hicieron lo mismo con sus familiares y conocidos. A esto se le conoce como **publicidad viral**.

Internet permite hacer este tipo de publicidad, que es muy económica.

En la misma página de vídeos se han hecho famosos a decenas de personajes, quienes han aprovechado esa fama, efímera o permanente, para vender sus propios productos, anunciar los de otros e incluso realizar obras de teatro.

Ellos han sabido usar una estrategia que debes usar: **haz que tu marca sea popular y después obtén dinero por ella**.

El negocio de mi amigo estaba destinado al fracaso porque su producto no era popular y no invirtió tiempo para que lo fuera, también no empleó la publicidad viral o inteligente para atraer más clientes.

Las personas siempre han deseado estar en grupos, por eso han tenido éxito las redes sociales, muchos podrían decirte que si tu empresa no está en ellas, debe estarlo, pero pocos las utilizan adecuadamente para aumentar la popularidad de su marca.

Si creas una página de tu empresa en una red social, debe ser en una popular, por ejemplo Facebook.

También tienes que crear una comunidad en esa página, no solo colocar información de tu producto o servicio. Una página en Facebook o en cualquier red social tiene que emular a una aldea en el mundo real, es decir, deberás participar con tus usuarios, escucharlos, recomendarles qué ver y leer, invitarlos a traerte a más personas a integrarse y darles contenido actual y necesario para ellos. La recomendación es: **debes generar redes o comunidades dentro de una red social**.

¿Con quién te relacionas todos los días? Con muchas personas, entre ellas:

- Tu pareja.

- Tu familia.

- Tus amigos.

- El que te vende comida.

- El que te vende servicios.

- Algún profesor.

- Y más personas.

En las redes sociales tienes la posibilidad de relacionarte con millones de personas, que pueden darte millones de dólares por recomendaciones o compra directa de tus productos o servicios.

¿Cuál es una de las máximas de ventas? La que te he compartido anteriormente: **te comprarán tus productos o servicios aquellas personas que te tienen confianza**.

Por eso tienes que construir una comunidad en una red social, para que confíen en ti y te hagas popular entre todos los participantes de la misma.

Muchas empresas de éxito comenzaron de manera similar, primero se hicieron populares y después les vendieron algún producto o servicio.

¿Qué hizo el buscador Google? Hacerse popular e indispensable y después vender publicidad segmentada a las personas y empresas. Este buscador conoce tus hábitos de búsqueda, sabe qué deseas y dónde estás buscando, esto se lo vende a las empresas, ganando millones de euros por ello.

Información es poder y con esto se demuestra.

Tú también puedes tener datos certeros sobre los hábitos de tus seguidores, qué buscan, con quién se relacionan, qué críticas tienen sobre tu producto o servicio y más información valiosa. En mi caso me proporcionan ideas para temas y títulos de libros futuros, con sus comentarios conozco sus intereses y forma de pensar, así les ofrezco contenido de calidad en mis textos, además seminarios o cursos adecuados a sus necesidades.

Al conocer sus necesidades, tú también puedes ofrecerles algo adecuado.

Primero construye una comunidad y después véndeles lo que necesiten.

Asisto con frecuencia a un pequeño café que vende productos orgánicos y naturistas, este no solo se ha mantenido durante unos cuatro años, sino que tiene un flujo de dinero intenso. Su estrategia es tener presencia activa en las redes sociales, donde recomienda qué tomar y qué comer a diario, ofrece consejos de salud e invita a visitarlos cuando un nuevo producto ha llegado a sus anaqueles.

Una revista de una ciudad, creó un personaje con características de su cultura. Es una mujer caricaturizada, de unos 30 años, con complexión física similar a la comunidad donde se distribuye, con personajes a su alrededor que tienen diferentes ocupaciones. Lo interesante es que tiene noticias actuales, de reflexión sobre su cultura y un diccionario del dialecto de la comunidad, todos redactados como si fuera este personaje femenino la que escribe o comenta sobre ellos. En los anuncios de sus patrocinadores, también participa esta mujer, dándole humor a la publicidad.

Por supuesto, tiene una página de seguidores en Facebook (FanPage) donde interactúa con ellos, les solicita recomendaciones, coloca la lista de los participantes que cumplen años ese día, ofrece consejos y hasta coloca videos donde baila la canción de moda.

Otro ejemplo es la cooperativa de refrescos mexicanos Pascual, quien ha competido con las compañías internacionales varias décadas. Para su refresco Lulú, que tiene la imagen de una joven en caricatura, ha lanzado una campaña en las redes sociales donde le da vida, afirmando que es «una chica hermosa, fresca, divertida y mucho más». En su FanPage de Facebook relata sus aventuras, su estilo de vida, comparte reflexiones, noticias actuales, se compromete con las causas sociales y más.

¿Cuáles son los aciertos de estos tres emprendimientos? Simple, **construir una comunidad que participa activamente**.

Al tener miles de personas que los siguen a diario, pueden venderles sus productos o servicios fácilmente. Recuerda que te comprarán aquellas personas que te consideren parte de sus vidas, parte de su comunidad.

Tendrás dinero ilimitado cuando construyas aldeas digitales, o mejor aún, aldeas globales, es decir, donde participen personas de todo el mundo, compartiendo sus experiencias, deseos e ideas, que te serán útiles para construir un producto o servicio acorde a sus necesidades. Por supuesto depende del producto o servicio que vendas, si es algo local, enfócate a los compradores de tu ciudad y de las ciudades aledañas, pero si es global, busca participantes de todo el mundo.

En mi caso he construido una aldea (comunidad) con personas de Ecuador, Perú, Guatemala, Venezuela, Chile, Argentina, Colombia, España y por supuesto México, que sigue creciendo a diario.

Con una aldea digital puedes hacerte popular y después ganar dinero ilimitado.

¿Te es complicado participar activamente en tu comunidad online? No te preocupes, nunca dije que tenías que hacerlo tú solo, otro lo puede hacer por ti. Actualmente nuevos oficios han aparecido, uno de ellos, el llamado Social Media Manager, ayuda a emprendedores como tú a administrar las redes sociales, contestando preguntas, colocando fotografías de tus eventos, posteando artículos relevantes y sugiriendo videos, en fin, este profesional te ayuda en tu aldea digital dándole vida y dinamismo.

Si tienes una FanPage, te recomiendo que busques a un estudiante o recién licenciado de alguna licenciatura como comunicación o mercadotecnia y lo contrates como freelance, puedes pagarle por horas o por proyecto.

Él se encargará de revisar tu aldea durante el día, atendiendo a tus visitantes y dándoles respuestas oportunas. Proporciónale toda la información sobre tu empresa, las preguntas más frecuentes y sus respuestas, los elementos gráficos que colocará y todas las instrucciones para que pueda administrarla sin problema alguno.

Detecta en tu comunidad (o aldea) en qué horarios participan más las personas, por ejemplo en una de las mías, lo hacen a las ocho de la mañana, las dos de la tarde y a las ocho de la noche. Conociendo esto, mi Social Media Manager solo entra esas tres veces al día, yo entro un par de veces más y mis representantes en otros países unas tres veces, con eso tenemos cubierta la atención a los visitantes y participantes.

Recuerda que la intención de tener una aldea es que las personas se sientan parte de ella, por eso tus esfuerzos tienen que dirigirse hacia ese fin. Cuando sean parte activa, podrás ofrecerles tus productos o servicios, enfocándote en sus beneficios y posibles usos.

SI QUIERES DINERO ILIMITADO, PON EN PRÁCTICA LO APRENDIDO

Si buscas resultados distintos,
no hagas siempre lo mismo.

Albert Einstein

Imagina que estás viviendo en la edad de piedra, en este momento sucede un temblor en la tierra, tus amigos salen de su cueva espantados, cuando todo pasó, intentan darle una explicación al suceso, lo más probable es que digan: «dios está enojado». Entonces van a buscar algo que darle y se lo ofrecen para que deje de estar saltando cerca de su cueva (y así deje de temblar).

Otros más asustados afirmarán que es necesario hacer esto cada determinado tiempo para que ya no piense otra vez en jugar a la cuerda cerca de su cueva, así implementarán un calendario de sacrificios y rezos para que no se le ocurra volver a hacerlo. Este pensamiento es muy simple, ¡pero para muchos es la solución a sus problemas!

En la actualidad hay muchas personas que suponen lo mismo: **si tienen dinero es una bendición, si el dinero escasea es una maldición**.

Entonces, debido a ese pensamiento, creen que alguien debe estar haciéndoles daño. Para erradicarlo, van con un brujo a que les quite el mal (y también el dinero) o con un sacerdote de cualquier religión a que les haga una limpia (espiritual y de dinero —depende del susodicho—) y así esperan que todo cambie.

¿Algo cambiará? Lo dudo, pero estarán tranquilos pensando que su pésima suerte dará un giro por esas acciones.

Actualmente hay cientos de falsos profetas, miles de «curadores espirituales» y millones de ingenuos que caen en sus manos, todo debido a querer encontrar soluciones mágicas a un problema que reside en ellos mismos.

Cientos de años de evolución no han servido de mucho.

Dentro de los objetos que se han encontrado en las cuevas donde habitaron los primeros humanos están las figuras de deidades, es decir, tenían sus elementos de poder para prevenir enfermedades, accidentes o demás maldiciones que pudieran llegar a su hábitat.

Ahora muchas personas hacen lo mismo. Adquieren la figura espiritual de moda y teniéndola cerca se aseguran que nada malo pasará, el dinero llegará y nunca faltará.

¡Más estimulación del cerebro reptil!

En lugar de buscar soluciones, adquieren objetos que les hagan sentir seguros. Esto aplica para automóviles, ropa y demás enseres de lujo que sirven igual que uno económico, pero que no le proporcionan la sensación de poder que otorga uno fastuoso.

¡Ahora es el cerebro límbico!

Si has asistido a uno de mis seminarios ya me habrás escuchado maldecir la evolución por no desechar estos dos cerebros y dejarnos solo la neocorteza. Tal vez en unos miles de años superemos este pequeño inconveniente, pero mientras nos está frenando nuestro avance.

Grábate esto: **si controlas tus impulsos (reptil) y tus emociones (límbico) puedes adquirir riquezas.**

También debes tener presente que solo si mantienes a raya el miedo podrás tener éxito.

Ten control de tu vida y no permitas que otro te haga dudar. Muchos intentarán hacerlo, ya que cuando no sigues a la mayoría suponen que vas en el camino equivocado.

No hagas siempre lo mismo, así como indica la cita de Einstein, pues tendrás los mismos resultados, si algo no funciona, intenta algo diferente, muchas veces tu meta es la correcta, pero el camino para llegar a ella no es el adecuado.

Así como te indiqué al inicio, haz algo que te agrade, pues le dedicarás mucho tiempo, además, seguirás realizándolo aunque ya tengas dinero, porque el objetivo no debe ser tener riqueza, sino disfrutar lo que haces y entonces atraer riqueza ilimitada.

Si amas lo que haces, soportarás los fracasos y la incertidumbre. Encuentra el placer en tu trabajo, tal como dijo Soichiro Honda, también, tal como él dijo: **valora sobre todas las cosas a la investigación**.

La investigación nos proporciona información, que es útil para tener riqueza ilimitada, por eso debemos valorarla, pero debes tener cuidado de no coleccionar los datos, tienes que ganar dinero con la investigación e información, así como él lo hizo.

En todo este libro has ido aprendiendo cómo atraer la riqueza, pero tienes que ponerlo en práctica, si no, solo serán conocimientos almacenados en tu mente. No fue mi intención ser un profesor en estas páginas que te recitara las reglas del éxito y la riqueza, mi objetivo fue ser un guía, mostrándote lo básico, para que tú sigas adelante.

Hay mucho más en tu futuro, imagina si entrevistaras al menos a diez personas exitosas, todas ellas te darían sus secretos y consejos. Si yo te proporcioné varias páginas con mis revelaciones, ¿por qué no buscar a otros exitosos? Tendrías nueve veces más información de lo que ahora tienes.

Esta editorial tiene una línea de libros enfocados a este tema, contacta con sus autores, conversa con ellos, estoy seguro de que aprenderás aún más.

Por mi parte deseo conocer tus resultados poniendo en práctica lo que ya conoces, en la introducción tienes mi correo electrónico, escríbeme. También visita mi página y mis redes sociales (en ellas discuto estas cuestiones con los miembros de esas comunidades virtuales), así tendrás más recursos para tener una mente de millonario.

Precisamente este día, en el que estoy escribiendo estas líneas finales, me acaba de hablar por teléfono un lector que después se convirtió en mi amigo, él me agradecía por haber obtenido muchos miles de euros extra este año, pero yo le mencionaba algo que siempre afirmo: **yo solo te muestro el cómo, tú debes hacer el resto**.

Como él, espero que me escribas en un futuro no tan lejano y me indiques que has alcanzado tu libertad financiera y, por qué no, me invites a un café para conversar y seguir aprendiendo.

Solo me queda agradecerte por leerme... ¡Muchas gracias!

BIBLIOGRAFÍA

- Porter, E. Todo tiene un precio: descubre que el valor de las cosas afecta el modo en que nos enamoramos, trabajamos, vivimos y morimos. Editorial Aguilar, México 2011, 286 pp.

- Bach, R. El millonario automático: un plan poderoso y sencillo para vivir y acabar rico. Editorial Vintage, Estados Unidos de Norteamérica 2006, 256 pp.

- Vujicic, N. Una vida sin límites. Editorial Aguilar, México 2010, 287 pp.

- Maurer, R. El camino del Kaizen. Editorial Vergara, España, 2004, 191 pp.

- Pilzer, P. El próximo trillón. Editorial Kendra, México, 2003, 309 pp.

- Greene, R. La ley 50. Editorial Océano, México, 2010, 240 pp.

- Sun Tzu. El arte de la guerra. Mestas Ediciones, España, 2008, 96 pp.

- Puell, F. El arte de la guerra. España: Editorial Biblioteca Nueva S.L., 2000, 158 pp.

- Schinka, J. Research methods in psychology vol. 2. Editorial John Wiley & Sons, Inc., E.U., 2003, 738 pp.

- Pagel, J. The limits of dream, a scientific exploration of the mind/brain interface. Editorial Elsevier, Estados Unidos, 2008, 234 pp.

- Lucas, B. Power up your mind: learn faster, work smarter. Editorial Nicholas Brealey Publishing, Estados Unidos, 2002, 273 pp.

- Hill, N. Piense y hágase rico. Editorial Grijalbo, México, 1990, 328 pp.

- Fried, J. Reinicia: Borra lo aprendido y piensa la empresa de otra forma. Editorial Empresa Activa, España, 2010, 284 pp.

- Fernández, M. «La influencia de la televisión en los hábitos de consumo del telespectador: dictamen de las asociaciones de telespectadores». Comunicar: Revista científica iberoamericana de comunicación y educación, ISSN 1134-3478, Nº 25, 2, 2005 (Ejemplar dedicado a: Televisión de calidad: Congreso Hispanoluso de Comunicación y Educación. Huelva. 2005

- Sevillano, M., Sotomayor, A. «Publicidad y consumo de alimentos en estudiantes de Huánuco, Perú». Comunicar: Revista científica iberoamericana de comunicación y educación, ISSN 1134-3478, Nº 39, 2012, págs. 177-184

ÍNDICE

Introducción 7

No te engañes, el dinero sí es necesario 15

Para atraer riqueza, encuentra el sentido
de tu existencia 23

Fuimos programados para atraer la riqueza o alejarla 33

El dinero no es la solución a tus problemas económicos 49

Para atraer la riqueza tienes que reprogramar tu mente 55

Adopta una actitud de éxito 63

Diseña tus metas 73

Para tener éxito, debes instalar nuevas creencias 81

Evita el consumismo 97

Vive de forma austera e invierte los excedentes 105

Enfócate en la obtención de la riqueza 115

Lo que los millonarios saben y el resto no 123

Desarrolla una filosofía de vida, y síguela
sin excusa alguna 137

No copies, mejora el producto o servicio 143

Los millonarios crean sistemas en sus negocios 149

La riqueza está en la distribución, no en la fabricación 157

La tecnología nos proporciona dinero ilimitado 165

Hazte popular y después haz riqueza ilimitada 175

Si quieres dinero ilimitado, pon en práctica
lo aprendido 183

Bibliografía 187

Nos encuentras en:

www.mestasediciones.com